乳製品を使わないヴィーガンチーズ

VEGAN
CHEESE

mariko

大和書房

004

VEGAN CHEESE ｜ L.A. のアンジェリーノ達が愛する美容食

L.A. のアンジェリーノ達が愛する美容食

　こんにちは、marikoです。ロサンゼルスでローフード・プラントベースシェフをしています。ロサンゼルスはヴィーガンをはじめ、プラントベースやローフード、グルテンフリー、オーガニックの分野が世界でも最先端な都市の一つ。トレンドの食材や料理、調理法に出会え、クリエイティビティを刺激される街です。

　ヴィーガンチーズとはあまり聞き慣れないかもしれませんが、乳製品不使用の純植物性チーズのこと。近年、ヴィーガンフードがめまぐるしく発展したロサンゼルスの健康食品店には、様々な種類のヴィーガンチーズが、ところ狭しと並んでいます。ロサンゼルス市民、通称アンジェリーノ達の多くは美容や健康への関心が非常に高く、気軽にヴィーガンフード、ヴィーガンチーズを取り入れています。

　中でもヴィーガンチーズ作りは人気があり、私がローフードシェフスクールで教えていた頃には、遠路はるばる、時には海を渡って、ヴィーガンチーズクラスを受講しに来てくださる生徒さんが後を絶ちませんでした。

006 VEGAN CHEESE | L.A. のアンジェリーノ達が愛する美容食

実は私の最初のキャリアはメイクアップアーティスト。ハリウッドで仕事をしていく中で、「真の美容とは、スキンケアやメイクなどの体の外側からの働きかけだけではなく、食という内側からの作用、この両方があってこそ、初めて完成するものだ」と痛感したことが、食の世界へ転向するきっかけでした。人体の中で一番大きな臓器は肌。どんなに高価なミラクルクリームでも、バランスのとれた健康的な食生活がもたらす美には敵いません。医食同源はもちろん、美食同源だと考えております。

ヴィーガンチーズの最大の魅力の一つは美肌効果です。材料には豆腐や豆乳、カシューナッツやアーモンド、パプリカなどの美肌、アンチエイジング効果の高い食材をたっぷり使うので、美容のために普通のチーズの代わりに取り入れるセレブもいるほど。皆さんもヴィーガンチーズを取り入れて、体の内側からの美容法を試してみませんか。

　本書は「ロサンゼルスのヴィーガンチーズを日本の環境に適した手法で、日本で手に入る食材を使ってお届けしたい」という想いから誕生し、試行錯誤の末に完成したレシピが詰まっています。中でも豆腐や豆乳で作るチーズは、豆腐や豆乳の味がしないようにこだわった自信作。まずはこちらから試し、それから他の発酵しないヴィーガンチーズ、発酵するヴィーガンチーズへと進まれることをオススメします。発酵するヴィーガンチーズは、動物性乳酸菌より胃酸に強い、植物性乳酸菌がたっぷり。腸内環境改善に繋がり、美肌効果もさらにアップしますよ。

010

VEGAN CHEESE | L.A. のアンジェリーノ達が愛する美容食

011

FAVORITE KITCHEN ITEMS

1. 様々な計量カップ。計量カップとスプーンは可愛いものがあると、どうしても集めてしまいます。 2. フルーツ用セラミックバスケットはこの中でフルーツを洗って、そのまま器として食卓に並べられる優れもの。 3. 琺瑯製品は昔から愛用。Crow Canyon Home（クロウキャニオンホーム）社のものはカルフォルニア州の厳しい重金属の規制もクリアしています。 4. ティーカップ型の計量カップはイギリスの料理研究家、ナイジェラ・ローソンさんのブランドのもの。

Photo by MARIKO

5. ファイヤーキングのスワールシリーズを集めていた頃に買ったジェダイの計量カップ（復刻版）。 6.10年前に集めたグロリアコンセプツのスパイスジャーはヴィンテージアイテムで実は日本製。 7. ストウブ社の鋳物ホーロー鍋は長年愛用していますが、丈夫で未だに新しく見えるのも嬉しいところ。 8. アメリカのBall社のメイソンジャーは1884年から生産されている歴史ある密閉瓶。我が家では必需品なので様々なサイズとカラーがあります。

VEGAN CHEESE

CONTENTS

L.A. のアンジェリーノ達が
愛する美容食 5
ヴィーガンとは？ 16
ヴィーガンチーズとは？ 17
ヴィーガンチーズの作り方 18
チーズの基本道具 20
チーズの基本食材 21
発酵の基本 22

発酵しない ヴィーガンチーズ 24

豆腐で作る　モッツァレラ風塩豆腐 26
豆腐で作る　チーズ風豆腐の味噌漬け 28

豆腐で作る　ハーブ入りフェタチーズ 30
arrange　ホリアティキ・サラタ（ギリシャサラダ）........ 34
豆腐で作る　サンドライトマトとバジルのクリームチーズ 36
豆腐で作る　ブルサン風チーズ 38
arrange　レインボーサラダ 40

豆乳で作る　リコッタ風チーズ 42
arrange　かぶのラビオリ仕立て 46
arrange　リコッタベリータルト 48
arrange　ティラミス 50

豆乳で作る　トロけるモッツァレラチーズ 52
arrange　豆乳クリームシチュー 54
arrange　ベジピザ 56
arrange　ライスコロッケ 58
豆乳で作る　トロけるチェダーチーズ 62
arrange　カリフラワーチーズポタージュ 64
arrange　ブロッコリーチェダースープ 66
arrange　グリルチーズサンド 68
arrange　ガーリックチーズドリア 70
arrange　ポテトグラタン 72
豆乳で作る　フォンデュ 74

ナッツで作る　パルメザンチーズ 76
arrange　カルボナーラ 78

ナッツで作る　ナチョスチーズ 80
arrange　ナチョス 84
ナッツで作る　チーズソース 86
arrange　マカロニチーズ 88

野菜で作る　ノンオイルベジチーズソース 90

ナッツで作る　ベリースワールチーズケーキ 92

発酵する ヴィーガンチーズ ………… 96

チーズの発酵に使う発酵食品
塩麹 ……… 98
玄米リジュベラック ……… 100
ザワークラウト ……… 102

ナッツで作る クリームチーズ ……… 104
arrange キャロットロックスと
クリームチーズのベーグルサンド ……… 108
arrange クリームチーズ・生チョコレートトリュフ ……… 110

ナッツで作る ハーブシェーブル ……… 112
arrange ビーツとハーブシェーブルのサラダ ……… 116

ナッツで作る モッツァレラ ……… 118
arrange カプレーゼサラダ ……… 122

ナッツで作る プロセスチーズ ……… 124
ナッツで作る チェダーチーズ ……… 126
ナッツで作る 青のりチーズ ……… 128
ナッツで作る オレンジ・ピンクペッパーチーズ ……… 130
ナッツで作る ドライフルーツのチーズ ……… 132

ヴィーガン調味料 ………… 136

dairy ALTERNATIVES
ナッツで作る アーモンドミルク ……… 138
ナッツで作る カシュー生クリーム ……… 140
植物オイルで作る バター ……… 142
豆乳で作る マヨネーズ ……… 144
ナッツで作る サワークリームオニオンディップ ……… 146
豆乳で作る 豆乳ヨーグルト ……… 148
ココナッツミルクで作る ココナッツホイップクリーム ……… 150

vegan TOPPINGS
豆腐スクランブルエッグ ……… 152
ココナッツベーコン ……… 153

ACKNOWLEDGMENTS ……… 154

What Is VEGAN?

ヴィーガンとは？

昨今、ベジタリアン、ヴィーガン、プラントベース、グルテンフリーなど様々な横文字をSNSで見かけるようになってきました。
まずは、それぞれの定義を簡単にご説明します。

ベジタリアン
Vegetarian

肉や魚は食べないけれど、乳製品や卵は食べる菜食主義者。中には魚を食べる人もいます。

ヴィーガン
Vegan

肉、魚、乳製品、卵などの動物性食品を食べない純菜食主義者。食だけでなく、生活面全般でも動物性製品を使用しません。

プラントベース、もしくは プラントベースダイエット
Plant-Based, Plant-Based Diet

植物性という意味でヴィーガンとほぼ同義語。純植物性な食生活や食事法、食品の事を意味しますが、ライフスタイルまでには必ずしも及びません。

グルテンフリー
Gluten-Free

小麦、大麦、ライ麦などの穀物のタンパク質から生成されるグルテンを含まないという意味。グルテンを含まない食品や物、グルテンを摂取しない食事法の事を言います。

ローフード
Raw Food

生の食べ物という意味。自然の食材を非加熱、もしくは加熱したとしても48℃以下で調理し、生きた酵素をそのまま取り入れる食事法や食品を指します。ローヴィーガン（ローフードとヴィーガンを合体したもの）は、ローフードとほぼ同義語ですが、ローフーディストの中には稀に動物性食品を食す人もいます。本書ではローフード＝ローヴィーガンとして定義しています。

What Is VEGAN CHEESE?
ヴィーガンチーズとは？

動物性食品を一切使わずに作った純植物性チーズのこと。
乳製品を使用しないため、主にナッツ類などの植物性の食材でクリーミーなベースを作り、チーズ風に味付けし、場合によっては固めて様々なチーズを再現します。酸味や塩分、スパイスなどの味付けだけでチーズ風に仕上げたものから、発酵を取り入れ、本来のチーズにより近づくように仕上げたものなど、多様な種類があります。
ヴィーガンチーズを試してみたい方はもちろん、本来のチーズが苦手な方や、アレルギーをお持ちの方まで、幅広い層にぜひ召し上がっていただきたいです。

How To Make VEGAN CHEESE?
ヴィーガンチーズの作り方

ヴィーガンチーズの作り方は基本的に、
発酵しないで作るヴィーガンチーズと、
発酵して作るヴィーガンチーズの2種類に分ける事ができます。

発酵しないヴィーガンチーズ

発酵しないヴィーガンチーズは、豆腐や豆乳、ナッツや種、野菜などの食材をミキサーやフードプロセッサーにかけてベースを作り、味付けだけでチーズ風に仕上げたもの。白玉粉を加えてトロミ付けしたり、ココナッツオイルを加えて固めるなど、質感をよりチーズに近付ける事も。発酵の手間もないため、どれも簡単で時間のかからないものがほとんど。

発酵するヴィーガンチーズ

発酵するヴィーガンチーズは、浸水したナッツと発酵スターターとなる発酵食品をミキサーにかけて作ったナッツチーズベースを、半日～1日発酵してから味付けし、チーズ風に仕上げたもの。ココナッツオイルや寒天ジェルを加えて固める、固形チーズも紹介します。発酵時間はかかりますが、手順自体は至って簡単。発酵しないヴィーガンチーズと違って、発酵による酸味やコクが出るので、味に深みがあります。また、寒天ジェルで固めないものは加熱をしないため、発酵食品として乳酸菌を摂取することができます。

ヴィーガンチーズの固め方

ベースを味付けした段階では、まだヴィーガンチーズもペーストの状態。
固形チーズを再現する際には固める必要があります。
本書では、様々なヴィーガンチーズの固め方の中から、主に
簡単な2つの方法を使用しています。

ココナッツオイルで固める

ココナッツオイルは24℃以下で固まる性質を持っています。この原理を利用して、溶かしたココナッツオイルをベースに加え、型に入れて、冷蔵庫で冷やし固めます。

**ココナッツオイルで固めた
ヴィーガンチーズの特徴**

ココナッツオイルの融点が低いため、室温に長時間おくと溶けて、チーズが柔らかくなってしまいます。

寒天ジェルで固める

水と粉寒天を加熱して作った寒天ジェルを素早くベースに加え、型に入れて、冷蔵庫で冷やし固めます。

**寒天ジェルで固めた
ヴィーガンチーズの特徴**

冷蔵保存はしますが、ココナッツオイルで固めたヴィーガンチーズと違い、常温で溶ける心配はありません。

＊粉寒天を含むレシピは、固めるためではなく質感調整のために使用しています。

豆腐の水切りの仕方

豆腐の水分をできるだけ抜くために、頻繁に水切りのステップが入ります。その手順を紹介します。

1. まな板かバットの上にキッチンペーパーで包んだ豆腐を置き、その上に平らなお皿やまな板をのせます。
2. 重しをのせて、30分〜1時間水切りします。重しが重過ぎると豆腐の形が崩れてしまうので注意しましょう。

裏ごしの仕方

チーズソースやナッツチーズベースを完全に滑らかに攪拌できない場合は、裏ごしで滑らかに仕上げられます。

発酵しないヴィーガンチーズ
ナチョスチーズやチーズソース、ノンオイルベジチーズソースのレシピ完成後に裏ごしする。
発酵するヴィーガンチーズ
P.22のstep3でナッツチーズベースをミキサーで攪拌した後、裏ごしする。

Basic EQUIPMENT & TOOLS

チーズの基本道具

MARIKOさんの普段使いの道具を紹介!

フードプロセッサー
ミキサーには不向きな水分の少ない食材の攪拌に使用。

ミキサー
水分の多い食材を攪拌する時に使用。

ガラス瓶
主に発酵食品の発酵、保存に使用。広口のものがベスト。

ガラスボウル
発酵するヴィーガンチーズには耐熱性のガラスボウルを使用。

ヘラ
材料を混ぜる際に使用。一体型のシリコンヘラが衛生的でオススメ。

オフセットスパチュラ
型に入れたヴィーガンチーズ、チーズケーキの表面をならす。

キッチンスケール
アナログでもデジタルでもOK。

ザル
ナッツの水切り、チーズの発酵に。

クッキングシート
発酵するヴィーガンチーズの成形やアレンジレシピに使用。

温度計
豆乳の温度調節に使用。

型
チーズを流し込む型として使用。

計量スプーン、計量カップ
大さじ1から小さじ1/4まである計量スプーンが便利。

ゼスター
柑橘類の皮のすりおろしに使用。

チーズクロス(料理用ガーゼ)
主に発酵するヴィーガンチーズに。

Basic INGREDIENTS

チーズの
基本食材

ナッツ以外に
豆腐、豆乳などを使います

ベースとなる食材

ナッツ類

生アーモンド
ローストや素焼きされていない無塩のものを使用。

生カシューナッツ
ローストや素焼きされていない無塩のものを使用。

生ヒマワリの種
ローストや素焼きされていない無塩のものを使用。

豆腐
主に木綿を使用するが、モッツァレラ風塩豆腐では絹を使用。

豆乳
調整豆乳は調味料や添加物を含むため、無調整豆乳を使用。

味付けに使う材料

ニュートリショナルイースト
糖蜜に培養した不活性のイースト。ビタミンB類が豊富で、チーズっぽい味がヴィーガンチーズ作りに大活躍。ベーキングに使用するドライイーストとは異なり、代用不可。

塩
できれば精製されていない天然塩。

味噌
白、赤、合わせなど。

スパイス
ターメリック、パプリカパウダー、粉からしなど。

エクストラバージンオリーブオイル
本書では全てエクストラバージンを使用。

ハーブ
パセリ、タイム、ローズマリー、オレガノなど。乾燥ハーブも使用。

その他、
● リンゴ酢
● レモン汁
● 練りごま（白）
など。

チーズを固める材料

白玉粉
ヴィーガンチーズのとろみ付けに。

粉寒天
発酵するヴィーガンチーズを固めたり質感調整に使用。

ココナッツオイル（無香タイプ）
ヴィーガンチーズにはココナッツオイルの味と匂いは不相性。必ず無味無臭のココナッツオイルを使用する。固形化している場合は湯煎で溶かしてから計量する。

＊生ナッツや種、ニュートリショナルイースト、ヒマラヤブラックソルト、スモークリキッド、ココナッツチップスなどの最寄りのスーパーにない材料は、インターネットで購入することができます。

発酵の基本

はじめに発酵の基本を説明します。一度覚えてしまえば、簡単なので、ぜひトライしてみてください。

step 1　ナッツを浸水する（もしくは茹でる）

レシピに指定されたナッツをたっぷりの水で（できれば浄水）浸水します。浸水時間は、カシューナッツは2〜4時間、アーモンドは一晩。
夏場は冷蔵庫で浸水しましょう。浸水後はナッツをザルに上げ、よく洗い流し、水切りします。
時間がない時は小鍋で15分茹でてもOK。ザルに上げ、冷水でよく洗い流して冷ましましょう。

＊ナッツを浸水したけれど、当日チーズを作れない場合は冷蔵庫で保管して1日最低1回水を変えて、3日以内に使用してください。

step 2　アーモンドの皮むき

アーモンドを使用したヴィーガンチーズを作る際、アーモンドの渋皮をむいておかないと、チーズに渋皮の粒々が残ってしまいます。渋皮のない、綺麗なチーズに仕上げるためにアーモンドの渋皮をむきましょう。
step 1でアーモンドを一晩浸水した場合は、そのまま皮をむくか、むき辛い場合は熱湯に15分浸けてから水切りし、皮をむきます。アーモンドを浸水する代わりに茹でた場合はそのまま皮をむきます。

step 3　ナッツチーズベースを作る

浸水したナッツ、レシピで使用する発酵スターター（塩麹P.98、玄米リジュベラックP.100、ザワークラウトのブラインP.102）、浄水（もしくはミネラルウォーター）をミキサーに入れて、滑らかになるまで撹拌します。滑らかさが足りないようなら、必要最低限の水を少量ずつ加えて撹拌してください。

＊P.19の裏ごしをする事でさらに滑らかに仕上げられます。

※使用する道具、環境が衛生的であるように注意しましょう。

step 4　ナッツチーズベースの巾着を作る

チーズクロス(もしくは料理用ガーゼ)を約30cmの長さに切り、一層に開いてから、半分に折って二重にします。片手ザルと、一回り大きいボウルを用意し、ボウルの上にザルをのせます。ザルの中にチーズクロスを敷き、中にナッツチーズベースを入れます。チーズクロスの4つの端を取り、一番長い端を使って全体を括り、巾着になるように結びます。結び目付近でナッツチーズベースの漏れがないか確認してください。できればナイロンのメッシュかプラスチックのザルを使ってください。

step 5　重しをして発酵する

ナッツチーズベースの巾着の上に小皿をのせて、缶詰などの重しになるものをのせます。チーズクロスの網目から、ナッツチーズベースがはみ出てきたら、重しが重過ぎる証拠。軽めの重しに取り替えましょう。
清潔な布巾をかぶせ、直射日光の当たらない場所に置いて指定時間、常温発酵させます。夏場はカビやすいので、こまめに発酵状況をチェックしてください。

step 6　発酵具合を確認し、発酵終了!

指定時間発酵したら、発酵具合をチェックします。巾着の外側と、中のナッツチーズベースにカビが生えていないかを慎重に確認。次に匂いと味をチェック。ほのかな酸味のある匂いと味である事を確認します。
カビが生えている、悪臭がする、味見をして不味い場合は廃棄し、step1から作り直しましょう。

＊味見をした際に酸味が強い場合は、気温の高さなどが原因で発酵がより早く進んでしまった証拠。味付けの段階でレモン汁の量を調整してください。

発酵しない ヴィーガンチーズ

豆腐や豆乳、ナッツや種、野菜などを使った
発酵しないヴィーガンチーズを紹介。発酵させないので
ほとんどのレシピが時短で簡単に作れます！
発酵しないヴィーガンチーズを
使ったアレンジレシピも
ぜひお試しください。

NON-FERMENTED VEGAN CHEESE

豆腐に塩を塗って一晩漬けるだけ！超簡単なおつまみとしても重宝します。手が止まらなくなりますよ。

recipe for

CHEESE

豆腐で作る

モッツァレラ風塩豆腐

保存期間：冷蔵保存で3日間　　グルテンフリー　　ヴィーガン

材料 ［約360g］

絹ごし豆腐 ----------------------- 400g
塩 ------------------------------- 小さじ1

トッピング
オリーブオイル --------------- 適量
こしょう ----------------------- 少々

作り方

1　豆腐の水気をキッチンペーパーで拭き取り、塩をまんべんなくすり込む。

2　キッチンペーパーで包み、保存容器に入れたら冷蔵庫で半日寝かせる。豆腐から水が出てきたら水を捨て、キッチンペーパーを取り替える。

3　半日漬けた豆腐をさっと水で洗い、キッチンペーパーでよく水気を拭き取る。

4　好みの大きさに切り、オリーブオイルをたっぷり回しかけ、こしょうをふる。

POINT ‖ 木綿豆腐の方がモッツァレラの質感により近付くが、絹ごし豆腐より豆腐の味が前面に出やすい。好みでバジルや刻みネギなどの、洋風、和風の薬味をトッピングしてもOK。

027

豆腐を味噌漬けにすると
驚くほどチーズ風に。
濃厚な味でスナックやおつまみ、ご飯のお供に。

recipe for

CHEESE

豆腐で作る

チーズ風豆腐の味噌漬け

保存期間：冷蔵保存で**1**週間　　グルテンフリー　　ヴィーガン

―――――――― 材 料 ［約３２０ｇ］ ――――――――

木綿豆腐（水切りする）-------- 400g　**合わせ調味料**

味噌	200g
酒	大さじ1
みりん	大さじ1

―――――――――― 作 り 方 ――――――――――

1　豆腐に合わせ調味料をまんべんなく塗り、密閉容器に入れて冷蔵庫で半日～1日寝かせる。

2　好みの漬かり具合になったら合わせ調味料を拭い取り、切り分ける。

POINT ‖ 残った味噌は別の料理に再利用しても◎。

recipe for
CHEESE

豆腐で作る ハーブ入りフェタチーズ

保存期間：冷蔵保存で1週間

グルテンフリー　ヴィーガン

バジルとオレガノが効いたフェタチーズは
そのままでも、
ホリアティキ・サラタ (P.34) にのせても
美味しいです。
オリーブオイルをたっぷりかけて
お召し上がりください。

031

recipe for

CHEESE

ハーブ入りフェタチーズ

材料 ［約240g］

A	木綿豆腐（水切りする） ―――――――― 200g	A	リンゴ酢 ――――― 小さじ1と½
	にんにく（芽を取り除き、 みじん切り）――――――― ½片		白味噌 ―――――――― 小さじ1
			塩 ――――――― 小さじ½弱
	無香ココナッツオイル （湯煎で溶かす）―― 大さじ4	B	バジル（ドライ）――― 小さじ½
			オレガノ（ドライ）
	オリーブオイル ――― 大さじ1		―――――――― 小さじ¼
	レモン汁 ――――― 小さじ1と½	**仕上げ**	
			オリーブオイル ――――― 適量

作り方

1　フードプロセッサーにAを入れて、滑らかになるまで撹拌する。

2　Bを加えて全体に混ざるまで、数回小刻みに撹拌する。

3　保存容器（バット）の上にラップを敷き、その上に2をのせる。スパチュラやヘラなどを使って、2cmの厚さになるように成形し、ラップで包む。

4　冷蔵庫に保存容器（バット）ごと入れて、一晩冷やし固める。

5　室温で長時間おくと柔らかくなるため、食べる直前に冷蔵庫から取り出す。2cm角のさいの目切りにするか、ちぎり分け、オリーブオイルを回しかける。

POINT　フードプロセッサーをすり鉢で代用可能。
玉子豆腐型か流し缶があると、3で直接型に入れて表面をならすだけで、簡単に成形できる。
レモンの酸味の強さは品種や産地などによって異なるため、必要に応じて味付けのレモン汁の分量を調整する。

フェタチーズを
ドカンとのせていただく
フレッシュでシンプルなギリシャの田舎風サラダ。

arrange recipe
SALAD

ホリアティキ・サラタ
（ ギ リ シ ャ サ ラ ダ ）

使用チーズ ハーブ入りフェタチーズ ┃ グルテンフリー ┃ ヴィーガン

--------- 材 料 ［ 4 人 分 ］ ---------

トマト（乱切り） ----------------- 3個
きゅうり（半月切り） ---------------- 2本
パプリカ（大きめに角切り） -------- ½個
赤玉ねぎ（薄切り） ---------------- ¼個

A ┃ レモン汁 ------------- 大さじ2
　┃ オリーブオイル -------- 大さじ2
　┃ オレガノ（ドライ）
　┃ ----------------- 小さじ¼

B ┃ オリーブ ----------------- 15個
　┃ ケッパー（あれば）
　┃ ----------------- 大さじ1
塩 ----------------- ひとつまみ
こしょう ----------------- 少々
ハーブ入りフェタチーズ (P.30)
----------------- レシピ1個分
オリーブオイル ----------------- 適量

--------- 作 り 方 ---------

1 ボウルにトマト、きゅうり、パプリカ、赤玉ねぎを入れ、Aと塩こしょうを加えて混ぜる。

2 少し深さのある器に盛り、Bを散らす。

3 フェタチーズを大きめにちぎってサラダにのせ、オリーブオイルを回しかける。

サンドライトマトとバジルの相性抜群なイタリアンなクリームチーズ。クラッカーやパンに塗って召し上がれ。

recipe for

CHEESE

豆腐で作る

サンドライトマトと
バジルのクリームチーズ

保存期間：冷蔵保存で1週間　　グルテンフリー　　ヴィーガン

材料 ［約260g］

木綿豆腐（水切りする）-------- 200g

サンドライトマト（粗みじん切り）
-------------------------- 25g

にんにく（芽を取り除き、みじん切り）
-------------------------- ½片

バジルの葉（みじん切り）----------- 5g

無香ココナッツオイル（湯煎で溶かす）
-------------------------- 大さじ4

レモン汁 ------------------- 小さじ1

白味噌 -------------------- 小さじ1

塩（必要であれば）------------- 適量

作り方

1　フードプロセッサーにバジル以外の全ての材料を入れて、滑らかになるまで撹拌する。

2　バジルを加え、全体に混ざるまで、数回小刻みに撹拌する。

3　ラップを敷いた好みの保存容器に入れて、表面をならす。蓋をして、冷蔵庫で一晩冷やし固める。

4　室温で長時間おくと柔らかくなるため、食べる直前に冷蔵庫から取り出す。

POINT　フードプロセッサーをすり鉢で代用可能。
保存容器がチーズの型になるので、好みの形やサイズを選ぶ。底の抜ける小ぶりなケーキ型やセルクルなどの型を使用すると便利。セルクルを使用する場合は皿の上にクッキングシートを敷き、セルクルをのせて直接チーズを入れ、固まったら型から取り出す。

037

にんにくとフレッシュハーブが効いた
フランスのブルサン風チーズ。
ピリ辛でニンニク好きにはたまりません！

recipe for

CHEESE

豆腐で作る

ブルサン風チーズ

保存期間：冷蔵保存で **1** 週間　　グルテンフリー　ヴィーガン

材料　［約２５０ｇ］

木綿豆腐（水切りする）------------ 200g
にんにく（芽を取り除き、みじん切り）
------------------------ 2片（10g）
無香ココナッツオイル（湯煎で溶かす）
---------------------- 大さじ4
レモン汁 ------------------ 大さじ1

塩 --------------------- 小さじ½
A｜パセリ（みじん切り）
　　------------------------ 大さじ½
　｜小ねぎ（みじん切り）
　　------------------------ 大さじ½

作 り 方

1 　フードプロセッサーにA以外の全ての材料を入れて、滑らかになるまで
　　 撹拌する。

2 　Aを加え、全体に混ざるまで数回小刻みに撹拌する。

3 　ラップやチーズクロスを敷いた好みの保存容器に入れて、表面をならす。
　　 蓋をして、冷蔵庫で一晩冷やし固める。

4 　チーズクロスを使用した場合ははがし、保存容器に入れて冷蔵保存する。
　　 室温で長時間おくと柔らかくなるため、食べる直前に冷蔵庫から取り出
　　 す。

POINT ｜ フードプロセッサーをすり鉢で代用可能。
　　　 　｜ 保存容器がチーズの型になるので、好みの形やサイズを選ぶ。

色とりどりの野菜が盛りだくさんな主食サラダ。七色のレインボーカラーがホームパーティーを盛り上げます。

arrange recipe
SALAD

レインボーサラダ

使用チーズ　ブルサン風チーズ　　グルテンフリー　ヴィーガン

―――――― 材料 ［4人分］ ――――――

レタス ―――――――― 1株（約300g）
プチトマト（半分に切る） ―――― 100g
紫キャベツ（粗みじん切り） ―――― 1/4個
人参（千切り） ――――――― 1/2〜1本
きゅうり（いちょう切り） ―――――― 1本
アボカド（角切り） ――――――――― 1個
ブルサン風チーズ（P.38、砕く）
　―――――――――――――― 適量
豆腐スクランブルエッグ
　（P.152） ―――――― レシピ1/2個分

ドレッシング
オリーブオイル ―――――― 60㎖
レッドワインビネガー
　――――――――― 大さじ2
メープルシロップ
　―――――――― 大さじ1と1/2
マスタード ―――――― 小さじ1
塩 ―――――――――― 小さじ3/4
こしょう ――――――――― 少々

―――――――― 作り方 ――――――――

1　レタスを一口サイズに切り、サラダボウルに盛る。

2　残りの材料をそれぞれ順番に並べる。

3　ドレッシングの材料を混ぜ合わせてドレッシングを作る。

4　食べる直前にドレッシングをかける。

POINT ｜ すぐに食べない場合は、アボカドにレモン汁をかけて変色を防ぐ。

recipe for
CHEESE

豆乳で作る
リコッタ風チーズ

保存期間：冷蔵保存で1週間

グルテンフリー　ヴィーガン

温めた豆乳に酸（レモン汁）を加え、
分離させて濾すだけで、
超簡単にリコッタ風チーズに。
リコッタチーズやカッテージチーズの代わりに
料理に使ってみてください。

recipe for

CHEESE

リコッタ風チーズ

材料 [約380g]

無調整豆乳	1ℓ	塩	小さじ¼
レモン汁	60㎖		

作り方

1　鍋に豆乳を注ぎ入れる。焦げ付かないようにヘラで混ぜながら中火で温め、豆乳の温度が60℃に達したら火を止める。

2　レモン汁を加えて、数回そっとかき混ぜて15分おくと、豆乳が分離し、おぼろ豆腐のように固まる。

3　ボウルの上にザルを置き、二重にしたチーズクロスを敷き、2をゆっくりと注ぎ入れる。

4　チーズクロスの両端を取って軽くひねり、リコッタ風チーズが漏れないように形を整える。

5　30分〜1時間おき、ホエイ（分離した薄黄色い液体）を水切りする。

6　水切りできたら、最後に両手で軽くしぼる。

7　チーズクロスからボウルに移し、塩を混ぜ入れて味を整える。保存容器に入れて冷蔵保存する。

POINT　レモン汁はリンゴ酢大さじ3で代用可能。残ったホエイはスープやシチュー、カレーなどの料理に、水の代わりに使って再利用してもOK。

パーティーでも映えるおしゃれな前菜。ラビオリの皮の代わりにかぶのスライスを使って。グルテンフリーなところも嬉しい一品。

arrange recipe
PASTA

かぶのラビオリ仕立て

使用チーズ リコッタ風チーズ、パルメザンチーズ

グルテンフリー　ヴィーガン

材料 [4人分]

かぶ ……………… 3〜4個（中）	A レモンの皮のすりおろし…1個分
オリーブオイル ………… 適量	レモン汁 ……… 小さじ1と½
塩 ……………… ひとつまみ	塩 ……………… 小さじ¼
A リコッタ風チーズ(P.42)	こしょう ……………… 少々
……………… レシピ1個分	オリーブオイル ………… 適量
パセリ（みじん切り）… 小さじ2	パルメザンチーズ(P.76) … 適量
ニュートリショナルイースト	パセリ（みじん切り）…… 少々
………………… 小さじ2	粗挽き黒こしょう ……… 少々

作り方

1　かぶは皮をむかず、スライサーで厚さ1mmにスライスし、ボウルに入れる。オリーブオイルを回しかけ、塩をひとつまみ加えてよく混ぜて、しんなりするまで数分おく。

2　Aの材料を別のボウルで混ぜ合わせておく。

3　かぶがしんなりしたら、水分を軽く拭き取り、作る数だけ皿に並べる。

4　かぶの中心にスプーンで2を適量のせ、その上に残りのかぶを1枚ずつかぶせて軽く押す。

5　オリーブオイルを上から回しかける。パルメザンチーズとパセリを散らし、粗挽き黒こしょうをかける。

POINT ｜ 1つのラビオリに2枚のかぶのスライスが必要なので、作る数を決めておくとよい。

ベリーたっぷりのタルトの中には
リコッタバニラクリーム。
持ち寄りパーティーやギフトとしても映える一品。

arrange recipe
DESSERT

リコッタベリータルト

使用チーズ リコッタ風チーズ　　グルテンフリー　　ヴィーガン

―――――― 材料 ［18cmのタルト1台分］ ――――――

タルト台
生アーモンド ------------- 200g
デーツ（種を除く） ---------- 100g
無香ココナッツオイル（湯煎で溶かす）
--------------- 大さじ1
バニラエクストラクト
---------------- 小さじ½
塩 -------------------- 少々

ツヤ出しゼリー
水------------------- 50mℓ
アガベシロップ ---------- 小さじ1
粉寒天 -------------- 小さじ½

リコッタバニラクリーム
冷やしたリコッタ風チーズ（P.42）
--------------- レシピ1個分
無香ココナッツオイル（湯煎で溶かす）
-------------- 大さじ4と½
メープルシロップ-------- 大さじ2
レモンの皮のすりおろし ---- 1個分
レモン汁 -------------- 大さじ1
バニラエクストラクト
-------------- 小さじ1と½
好みのベリー ------------- 約300g

―――――――――― 作り方 ――――――――――

1　タルト台のアーモンドとデーツをフードプロセッサーで細かくなるまで撹拌。残りの材料を入れて生地がまとまるまで撹拌する。

2　タルト型に油（分量外）を少量塗り、*1*をふちまで固く押し詰め、冷蔵庫に入れておく。

3　リコッタバニラクリームの材料をボウルで混ぜ、タルト台の中に入れる。クリームの表面をならしたら、上にベリーをのせる。

4　ツヤ出しゼリーの材料を弱火で熱しながらかき混ぜ、沸騰したら2分加熱する。刷毛で手早くベリーの表面に塗り、冷蔵庫で数時間冷やし固める。

コーヒー米粉蒸しパンを使ったグルテンフリーティラミス。カップに入れたお一人様サイズは見た目もオシャレ。

arrange recipe
DESSERT

ティラミス

使用チーズ リコッタ風チーズ　グルテンフリー　ヴィーガン

―――― 材料 ［4人分］ ――――

コーヒー米粉蒸しパン
- 米粉 ……………………… 180g
- 無調整豆乳 …………… 200mℓ
- きび砂糖 …………………… 80g
- グレープシードオイル
  ……………………………… 大さじ2
- インスタントコーヒー（粉末）
  ……………………………… 大さじ1
- ベーキングパウダー
  ………………………… 小さじ2と½

マスカルポーネ風クリーム
- 冷やしたリコッタ風チーズ（P.42）
  ………………………… レシピ1個分
- ココナッツホイップクリーム
  （P.150）……………… レシピ1個分
- アガベシロップ ………… 大さじ2
- 濃いめのコーヒー ……………… 適量
- ココアパウダー ………………… 適量

―――― 作り方 ――――

1　ボウルに米粉ときび砂糖、ベーキングパウダーを入れて混ぜる。

2　別のボウルに残りのコーヒー米粉蒸しパンの材料を入れて混ぜる。

3　1に2を混ぜ入れる。4つの紙のマフィンカップに¾の高さまで生地を入れて、15〜30分程蒸す。竹串を刺して生地がついてこなくなったらOK。蒸しパンを冷ます。

4　マスカルポーネ風クリームの材料をハンドミキサーかフードプロセッサーで混ぜる。

5　蒸しパンの上部を切り落とし、残りを2枚にスライスする。1枚目をカップの底に敷き、コーヒーを蒸しパンに染み込ませ、マスカルポーネ風クリームを上に入れる。これをもう一度くり返す。切り落とした蒸しパンはすき間を埋めるのに使う。

6　冷蔵庫で一晩寝かせ、仕上げにココアパウダーを上から振るう。

051

できたてはトロトロ。冷凍すれば、いつでもスライスしたり、削ってトッピングに使えます。

recipe for

CHEESE

豆乳で作る

トロけるモッツァレラチーズ

保存期間：冷凍保存で**1ヶ月**　　グルテンフリー　　ヴィーガン

———————————— 材料 ［約３６０ｇ］ ————————————

無調整豆乳 ···················· 300㎖	ニュートリショナルイースト
白玉粉 ···················· 大さじ4	···················· 小さじ1
無香ココナッツオイル（湯煎で溶かす）	白味噌 ·············· 大さじ1と½
···················· 大さじ2	レモン汁 ·············· 小さじ2
オリーブオイル ·············· 大さじ1	塩 ·············· 小さじ½弱

———————————— 作り方 ————————————

1　ミキサーに白玉粉を入れ、粉状になるまで撹拌する。残りの材料を入れて滑らかになるまで撹拌する。

2　1を鍋に入れて、白玉粉がダマにならないよう、ヘラでよくかき混ぜながら弱火で温める。フツフツしてきたら泡立て器でかき混ぜ、トロミとツヤが出るまで数分温める。

3　ディップやソース、アレンジレシピに使う。

POINT　冷凍保存する時は、冷ましてからラップを敷いた保存容器に入れる。冷凍後に使用する際はスライスするか、チーズグレーターで削って使う。半分の高さに切った豆乳の紙パックに直接入れて冷凍するのもオススメ。

VEGAN CHEESE ｜ 発酵しないヴィーガンチーズ

トロけるモッツァレラチーズをホワイトソースやルーの代わりに使用したトローり濃厚クリームシチュー。

arrange recipe
SOUP

豆乳クリームシチュー

使用チーズ ▶ トロけるモッツァレラチーズ　　グルテンフリー　　ヴィーガン

材料 [4人分]

じゃがいも（一口大に切る） 1個	塩 小さじ1/2
人参（乱切り） 1本	こしょう 少々
玉ねぎ（くし型切り） 1/2個	A　トロけるモッツァレラチーズ
バター(P.142)、もしくは	（P.52、冷凍保存の場合は解凍）
オリーブオイル 大さじ1	レシピ1/2個分
水 300mℓ	無調整豆乳 250mℓ
白ワイン 50mℓ	白味噌 大さじ1
ローリエ 2枚	白玉粉 大さじ1
メープルシロップ 適量	パセリ（みじん切り） 少々
ナツメグ 少々	

作り方

1　鍋にバターを入れて中火で熱する。じゃがいもと人参、玉ねぎを入れて炒める。

2　玉ねぎが透き通ったら、水、白ワイン、ローリエを加える。蓋を少しずらしてかぶせ、具材が柔らかくなるまで10分程煮る。

3　ミキサーにAを入れて滑らかになるまで撹拌する。

4　ローリエを取り除き、3を鍋に加えてよく混ぜる。シチューの質感になるまで数分加熱する。メープルシロップ、ナツメグ、塩こしょうを加えて味を調える。

5　器に盛り、パセリを散らす。

カリフワラーのピザ生地を使ったグルテンフリーのベジタブルピザ。ヘルシーなのに食べ応えも充分!

arrange recipe
PIZZA

ベジピザ

使用チーズ ▶ トロけるモッツァレラチーズ　グルテンフリー　ヴィーガン

―――― 材料 ［4人分］ ――――

カリフラワーのグルテンフリーピザ生地
カリフラワー ……… 1個（約380g）
アーモンドミルク（P.138）の
　しぼりカス ……… レシピ1個分
チアシード ………… 大さじ3
にんにく（みじん切り）……… 2片
オリーブオイル ……… 大さじ1
片栗粉 ……………… 大さじ1
オレガノ（ドライ）……… 小さじ1
塩 ………………… 小さじ1/4

ピザソース
A｜トマトの水煮缶 …… 1缶（400g）
　｜バジル（ドライ）……… 小さじ1/2
　｜オレガノ（ドライ）…… 小さじ1/2
オリーブオイル ……… 大さじ1
にんにく（みじん切り）……… 2片
メープルシロップ ……… 小さじ1
塩 ………………… 小さじ1/4
こしょう ……………… 少々
好みの野菜（薄切り）……… 適量
冷凍したトロけるモッツァレラチーズ
　（P.52、削るかスライス）
……………………… レシピ1/4個分

―――― 作り方 ――――

1　カリフラワーを10分程茹でて冷ます。フードプロセッサーで細かくなるまで撹拌し、布巾に入れて水気を固くしぼる。ミキサーにチアシードを入れて粉状になるまで撹拌する。

2　ボウルに1と他のピザ生地の材料を入れ、手でこねる。生地を2枚のクッキングシートで挟み、めん棒で5mmの厚さにのばしたら上側のクッキングシートをはがす。

3　クッキングシートごと天板にのせて、200℃のオーブンで30〜40分焼く。焼き色がついたらひっくり返し、さらに10〜15分程焼く。

4　トマトの水煮をミキサーでピューレ状にする。中火のフライパンにオリーブオイルを加えてにんにくを炒め、Aを加えて15分〜20分程煮詰める。余分な水分が飛んだらメープルシロップ、塩こしょうで味を調える。

5　ピザ生地に4を塗り、トロけるモッツァレラチーズと好みの野菜を散らす。オーブンでチーズが溶けるまで10〜15分程焼く。

ライスコロッケの中はトローリトロけるモッツァレラチーズ。トマトライスの酸味との相性が絶妙。

arrange recipe
RICE

ライスコロッケ

使用チーズ｜トロけるモッツァレラチーズ　ヴィーガン

材料 [4人分]

ご飯	500g
冷凍したトロけるモッツァレラチーズ(P.52)	約60g
玉ねぎ(みじん切り)	½個
にんにく(みじん切り)	2片
バター(P.142)、もしくはオリーブオイル	大さじ1
塩	小さじ¼

トマトソース

トマトの水煮缶	1缶(400g)
にんにく(みじん切り)	2片
オリーブオイル	大さじ1
オレガノ(ドライ)	小さじ1
メープルシロップ	小さじ2
塩	小さじ½
こしょう	少々
パン粉	1カップ
好みの揚げ油	適量

作り方

1　トマトの水煮をミキサーでピューレ状に攪拌する。中火のフライパンに、オリーブオイルを加え、にんにくを炒める。トマトピューレとオレガノを加えて20分程煮詰める。余分な水分が飛んだら、メープルシロップを加えて塩こしょうで味を調え、火を止める。

2　別のフライパンを中火で熱し、バターを入れ、玉ねぎと塩ひとつまみ(分量外)を加えて炒める。玉ねぎが透き通ったら、にんにくを加えてさらに炒める。

3　2にご飯と塩を入れて炒め、1を加える。トマトソースが全体的に絡まったら火を止め、ご飯をバットの上に広げて冷ます。

4　3が冷めたら、約1.5cmの立方体に切った冷凍したトロけるモッツァレラチーズをご飯の中心に入れて包み、丸める。

5　フードプロセッサーで細かくしたパン粉の中に4を転がし、180℃の油でカリッときつね色に揚げる。揚げたてのうちに塩(分量外)を少量ふって完成。

できたてはとろとろチェダーチーズソースとして。冷凍すれば、スライスしたり、チーズグレーターで削って使えます。

recipe for

CHEESE

豆乳で作る

トロけるチェダーチーズ

保存期間：冷凍保存で**1ヶ月**　　グルテンフリー　　ヴィーガン

材 料 ［約360g］

無調整豆乳 ························ 300㎖	白味噌 ······················· 大さじ1と½
白玉粉 ···························· 大さじ4	練りごま ························· 小さじ¼
無香ココナッツオイル（湯煎で溶かす）	パプリカパウダー ············· 小さじ¼
································· 大さじ2	ターメリック ·················· ひとつまみ
オリーブオイル ··············· 大さじ1	粉からし ······················ ひとつまみ
ニュートリショナルイースト	レモン汁 ························ 小さじ2
································· 大さじ2	塩 ························· 小さじ½弱

作 り 方

1　ミキサーに白玉粉を入れ、粉状になるまで撹拌する。残りの材料を入れて滑らかになるまで撹拌する。

2　1を鍋に入れて、白玉粉がダマにならないよう、ヘラでよくかき混ぜながら弱火で温める。フツフツしてきたら泡立て器でかき混ぜ、トロミとツヤが出るまで数分温める。

3　ディップやチーズソース、アレンジレシピに使う。

POINT　冷凍保存する時は、冷ましてからラップを敷いた保存容器に入れる。冷凍後に使用する際はスライスするか、チーズグレーターで削って使う。半分の高さに切った豆乳の紙パックに直接入れて冷凍するのもオススメ。

arrange recipe
SOUP

カリフラワー
チーズポタージュ

使用チーズ トロけるチェダーチーズ　グルテンフリー　ヴィーガン

カリフラワーたっぷりなのにカリフラワーの味がしない、チーズ味のポタージュ。野菜嫌いな方にピッタリなスープ。

材料 [4人分]

カリフラワー（小房に分ける）
　　　　　　　　　　 1個（約300g）
パプリカ（黄かオレンジ、さいの目切り）
　　　　　　　　　　　　　　 100g
玉ねぎ（みじん切り）　　　　　 1個
水　　　　　　　　　　　　 300ml
バター（P.142）、もしくはオリーブ
オイル　　　　　　　　　　 大さじ1
ココナッツベーコン（P.153、あれば）
　　　　　　　　　　　　　　 適量
パセリ（みじん切り）　　　　　 少々

A｜トロけるチェダーチーズ
　（P.62、冷凍保存の場合は解凍）
　　　　　　　　　　　 レシピ½個分
　無調整豆乳　　　　　　　 350ml
　ニュートリショナルイースト
　　　　　　　　　　　　 大さじ5
　白味噌　　　　　　　 大さじ1と½
　練りごま　　　　　　　　 小さじ1
　パプリカパウダー　　　　 小さじ¼
　レモン汁　　　　　　 小さじ1と½
　塩　　　　　　　　　 小さじ½弱
　こしょう　　　　　　　　　 少々

作り方

1　鍋にバターを入れて中火で熱する。玉ねぎ、塩ひとつまみ（分量外）を加えて炒める。

2　玉ねぎが透き通ったら、カリフラワーとパプリカ、水を加える。蓋をして具材が柔らかくなるまで15分程煮る。

3　ミキサーに2とAを加えて滑らかになるまで撹拌する。耐熱ミキサーがない場合は、2を冷ましてからミキサーに入れる。

4　鍋に戻して数分加熱する。仕上げにレモン汁を加え、塩こしょうで味を調える。

5　器に盛り、ココナッツベーコンとパセリを散らす。

アメリカで人気のブロッコリーチェダースープ。チーズとブロッコリーの相性が抜群！ブロッコリーが苦手の方やお子さんでも食べやすい。

arrange recipe
SOUP

ブロッコリーチェダースープ

使用チーズ　トロけるチェダーチーズ　　グルテンフリー　　ヴィーガン

―――― 材料 ［4人分］ ――――

玉ねぎ（みじん切り） ……………… 1個
バター(P.142)、もしくはオリーブ
オイル ……………………………… 大さじ1
A　ブロッコリー（小房に分けて
　　みじん切り） ………………… 200g
　　人参（千切り） ……………… 1本
　　無調整豆乳 …………………… 450ml
　　ローリエ ……………………… 2枚

B　無調整豆乳 …………………… 200ml
　　トロけるチェダーチーズ
　　（P.62、冷凍保存の場合は解凍）
　　……………………………… レシピ1/2個分
　　ニュートリショナルイースト
　　……………………………………… 大さじ4
　　白味噌 ………………………… 大さじ1
レモン汁 …………………… 小さじ1と1/2
ナツメグ …………………………… 少々
塩 ………………………………… 小さじ1/2
こしょう …………………………… 少々

―――― 作り方 ――――

1　鍋にバターを入れて中火で熱する。玉ねぎ、塩ひとつまみ（分量外）を加えて炒める。

2　玉ねぎが全体的に透き通ったら、Aを加える。蓋をして具材が柔らかくなるまで弱火で10分程煮る。

3　ミキサーにBを入れて滑らかになるまで撹拌する。

4　ローリエを取り除き、3を鍋に加えてよく混ぜる。トロリとした質感になるまで数分加熱する。レモン汁とナツメグを加え、塩こしょうで味を調える。

POINT ‖ 好みでチェダーチーズ(P.126)かトロけるチェダーチーズ(P.62、共に分量外)を削るか、刻んでトッピングしても。

グリルチーズと呼ばれるアメリカの定番サンドイッチ。食パンの間からこぼれるチーズが最高。

arrange recipe
BREAD

グリルチーズサンド

使用チーズ トロけるチェダーチーズ　**ヴィーガン**

材料 ［1人分］

食パン ……………………… 2枚
バター（P.142）…………… 適量
マヨネーズ（P.144）……… 適量

トロけるチェダーチーズ（P.62）
……………………………… 適量

作り方
---

1. 食パン1枚の表面にマヨネーズを少量塗り、裏面にバターをまんべんなく塗る。

2. トロけるチェダーチーズをマヨネーズを塗った面にたっぷり塗る。

3. フライパンを弱火で熱し、バターを塗った面をこんがり焼き色がつくまで焼く。

4. 焼き色がついたら、2枚目の食パンにバターを塗り、塗った面を上にして1枚目に重ねる。フライ返しでサンドイッチをひっくり返す。

5. フライ返しで数回プレスし、焼き色がつくまで数分焼く。

POINT ｜ 冷凍したトロけるチェダーチーズを使用する場合は、3mm程度の厚さにスライスし、2でパンに敷き詰め、3と5で蓋をする。

こってり濃厚なチーズドリア。ローストガーリックがチーズを引き立ててくれます。

arrange recipe
RICE

ガーリックチーズドリア

使用チーズ トロけるチェダーチーズ　グルテンフリー　ヴィーガン

―――― 材料 ［4人分］ ――――

ご飯 ………………………… 500g
玉ねぎ（みじん切り）………… 1/2個
しめじ ……………… 1パック（約120g）
バター（P.142）、もしくはオリーブ
　オイル …………………… 大さじ1
塩 …………………………… 小さじ1/4
こしょう ………………………… 少々

A｜トロけるチェダーチーズ
　　（P.62、冷凍保存の場合は解凍）
　　………………………… レシピ1/2個分
　無調整豆乳 ……………… 200mℓ
　*ローストガーリック
　　………………………… 1〜2球分
　塩 ………………………… 小さじ1/2
　こしょう ……………………… 少々
パルメザンチーズ（P.76）……… 適量
パセリ（みじん切り）……………… 少々

―――― 作り方 ――――

1　フライパンにバターを入れて中火で熱し、玉ねぎと塩ひとつまみ（分量外）を加えて、玉ねぎが透き通るまで炒める。しめじを加えて炒め合わせ、しんなりしたらご飯を加えて炒め、塩こしょうで味を整える。

2　ミキサーにAを入れて、滑らかになるまで撹拌する。

3　グラタン皿に1を平らに入れて、2をかける。

4　オーブントースター（オーブンなら200℃）でこんがり焼き色がつくまで15〜20分焼く。仕上げにパルメザンチーズとパセリを散らす。

*ローストガーリックの作り方
にんにくの球の頭を切り落とし、オリーブオイルをかけてアルミホイルで包む。にんにくが柔らかくなるまでオーブントースター（オーブンなら200℃）で約30分焼く。粗熱を取ってからにんにくの実を取り出す。

arrange recipe
GRATIN

ポテトグラタン

使用チーズ トロけるチェダーチーズ　グルテンフリー　ヴィーガン

みんな大好きなポテトグラタン。クリーミーな仕上がりなのに、乳製品を一切使っていません。

材料 ［4人分］

じゃがいも ………… 3個（約500g）	A 冷凍したトロけるチェダーチーズ
冷凍したトロけるチェダーチーズ(P.62)	（P.62、刻む）…… レシピ¼個分
………………… レシピ¼個分	にんにく（みじん切り）……… 3片
バター(P.142) ………… 小さじ1	タイム（ドライ）……… 小さじ¼
A カシュー生クリーム(P.140)	塩 ………………… 小さじ¾
………………… 300ml	こしょう ………………… 少々
	タイム（好みで）………………… 少々

作り方

1. じゃがいもの皮をむき、スライサーで1mmの厚さにスライスし、10分程水にさらす。鍋にたっぷりの水を沸騰させ、じゃがいもが半透明になるまで数分湯通しし、ザルに上げ、粗熱をとる。

2. ボウルにAを入れて混ぜ合わせる。じゃがいもを加えて、1枚1枚がソースと絡まるように、手で揉み込む。

3. バターを塗ったグラタン皿に2を入れ、表面をならす。トロけるチェダーチーズを薄くスライスし、グラタンの表面に敷き詰める。

4. 表面に焼き色がついて、じゃがいもにスッと竹串が通るようになるまで、200℃のオーブンで40分程焼く。

5. 焼き上がったら10分休ませ、好みでタイムを飾る。

POINT ｜ 冷凍したトロけるチェダーチーズ(P.62)は合計でレシピ½個分使用する。

トロトロのチーズフォンデュはパーティーでもたのしい一品。白ワインが効いた大人の味。

recipe for

CHEESE

豆乳で作る

フォンデュ

グルテンフリー　ヴィーガン

――――――――― 材 料 ［ 4 人 分 ］ ―――――――――

にんにく ―――――――――――― 1片	**A** 無調整豆乳 ――――――――― 200㎖
白玉粉 ――――――――――― 大さじ4	無香ココナッツオイル（湯煎で溶かす）
白ワイン ―――――――――――― 100㎖	――――――――――― 大さじ2
レモン汁 ―――――――――― 小さじ1	オリーブオイル ――――― 大さじ1
ナツメグ ――――――――――― 少々	白味噌 ――――――――――― 大さじ1
塩 ――――――――――― 小さじ½弱	ニュートリショナルイースト
こしょう ―――――――――――― 少々	――――――――――― 小さじ1
パン（角切り）―――――――――― 適量	練りごま ―――――――――― 小さじ¼
好みの野菜 ――――――――――― 適量	ターメリック ――――― ひとつまみ
	パプリカパウダー
	――――――――――― ひとつまみ
	粉からし ――――――― ひとつまみ

――――――――――― 作 り 方 ―――――――――――

1　にんにくを半分に切り、断面をフォンデュ鍋の鍋肌全体に擦り付ける。

2　ミキサーに白玉粉を入れ、粉状になるまで撹拌し、さらに**A**を加えて滑らかになるまで撹拌する。

3　フォンデュ鍋に*2*と白ワインを入れ、かき混ぜながら中火で温める。ダマになってきたら弱火にし、ヘラでよくかき混ぜて練っていく。フツフツしてきたら泡立て器でかき混ぜながらトロミとツヤが出るまで数分温める。

4　最後にレモン汁とナツメグ、塩こしょうを加えて味を調える。

5　パンや好みの野菜をディップして食べる。

POINT ‖ 白ワインが入っているのでお子さん用にはトロけるチェダーチーズ（P.62）をフォンデュとして代用する。

075

簡単、時短な卓上ヴィーガン・パルメザンチーズ。サラダやパスタなどの万能トッピングとして大活躍。

recipe for

CHEESE

ナッツで作る

パルメザンチーズ

保存期間：冷蔵保存で **1**ヶ月　　グルテンフリー　ローフード　ヴィーガン

―――――――――――― 材料［約180g］――――――――――――

生カシューナッツ（浸水しない）
―――――――――――――― 160g
ニュートリショナルイースト
――――――――――――― 大さじ5
塩――――――――――――― 小さじ¾

ニュートリショナルイーストがない場合

生カシューナッツ（浸水しない）
―――――――――――――― 120g
松の実（浸水しない）―――――― 50g
白味噌――――――――――― 小さじ1
塩――――――――――――― 小さじ½

―――――――――――――― 作り方 ――――――――――――――

1　全ての材料をフードプロセッサーに入れ、粉状になるまで撹拌する。

POINT　カシューナッツは浸水せずに、乾いた状態で使用する。
ニュートリショナルイーストを使用しない場合、白味噌の水気によって少し湿った粒状に仕上がる。

arrange recipe
PASTA

カルボナーラ

使用チーズ　パルメザンチーズ　　ヴィーガン

豆乳を使ったクリーミーなヴィーガン・カルボナーラ！ココナッツベーコンとブラックソルトが驚くほどカルボナーラ風に仕上げてくれます。

材料 ［4人分］

- スパゲッティー（乾麺） ……… 400g
- 水 ……… 2ℓ
- 塩 ……… 20g
- A
  - 無調整豆乳 ……… 300mℓ
  - オリーブオイル ……… 大さじ1
  - ニュートリショナルイースト ……… 大さじ1
  - ヒマラヤブラックソルト、もしくは塩 ……… 小さじ¼
  - 粗挽き黒こしょう ……… 適量
- リンゴ酢 ……… 小さじ1
- B
  - ココナッツベーコン (P.153) ……… 適量
  - パルメザンチーズ (P.76) ……… 適量
  - パセリ（みじん切り） ……… 少々
  - 粗挽き黒こしょう ……… 少々

作り方

1. 塩20gを加えた水でスパゲッティーをアルデンテに茹でる。
2. スパゲッティーを茹でている間に、フライパンにAを加えて弱火で温める。
3. 湯切りしたスパゲッティーを2に加え、よく絡める。余分な水分がある場合は混ぜながら中火で温めて飛ばす。火を止めてリンゴ酢を回しかけ、混ぜ合わせる。
4. 器に盛り、Bを散らす。

POINT　ヒマラヤブラックソルトは、カラナマックとも呼ばれる硫黄を含む黒岩塩。茹で卵のような味と香りがするため、ヴィーガン料理では卵料理を再現するレシピに頻繁に使用する。パルメザンチーズとココナッツベーコンを作り置きしておけば、温めた豆乳と茹でたスパゲッティーを絡めるだけの時短レシピに。

recipe for
CHEESE

ナッツで作る
ナチョスチーズ

保存期間：冷蔵保存で3日間

`グルテンフリー`　`ヴィーガン`

ヴィーガンチーズの中でも
パンチの効いたナチョスチーズ。
トルティーヤチップスや
野菜スティックのディップ以外にも、
色々かけて使える万能メキシカン・チーズソース。

1

2

3

4

5

recipe for
CHEESE

ナチョスチーズ

材料 ［約５７０ｇ］

生カシューナッツ ·············· 80g
生ヒマワリの種
（生カシューナッツで代用可）······ 80g

A　パプリカ (赤・さいの目切り)
　　 ·························· 180g
　　レモン汁 ·············· 大さじ2
　　メープルシロップ
　　 ·················· 大さじ1と½
　　水 ······················ 60mℓ

B　ニュートリショナルイースト
　　 ····················· 大さじ3
　　パプリカパウダー
　　 ················· 小さじ1と½
　　クミンパウダー
　　 ················· 小さじ1と¼
　　チリパウダー （あれば）
　　 ····················· 小さじ1
　　カイエンペッパー、もしくは
　　　一味唐辛子 ······· ひとつまみ
　　白味噌 ················ 小さじ1
　　塩 ················ 小さじ**1**弱
　　白玉粉 ················ 小さじ2

作り方

1　カシューナッツとヒマワリの種を一晩浸水し、ザルにあげ、洗い流す。

2　ミキサーにAを入れて滑らかになるまで撹拌する。

3　1とBをミキサーに加え、滑らかになるまで撹拌する。滑らかさが足りない場合は、必要最低限の水を少量ずつ足す。

4　白玉粉をミキサーに加え、滑らかになるまでさらに撹拌する。

5　4を小鍋に移し、中火で温めながら混ぜる。フツフツしてきたら、さらに1分程混ぜながら温めて完成。

POINT　1で浸水する時間がない場合は、15分茹でてザルに上げ、冷水でよく洗い流す。ミキサーで滑らかに撹拌できない場合は、裏ごしの一手間を加えても（P.19参照）。
3までの過程で温めずに食べると、酵素が生きたローフード・ナチョスチーズとしてたのしめる。

色鮮やかなナチョスはパーティーレシピの定番。作るのは簡単ですが、見た目のインパクトで盛り上がります。

ナチョス

使用チーズ　ナチョスチーズ　　グルテンフリー　　ヴィーガン

―――― 材料　[4 人分] ――――

ピコデガヨ
完熟トマト（小さめの角切り）
　　　　　　　　　　　　　　1個
赤玉ねぎ、もしくは玉ねぎ
　（みじん切り）　　　　　　1/4個
パクチー（みじん切り）　　大さじ2
にんにく（みじん切り）　　　　1片
ライムの果汁、もしくはレモン汁
　　　　　　　　　　　　　大さじ1
塩　　　　　　　　　　　　　少々

ワカモレ
完熟アボカド　　　　　　　　1個
にんにく（みじん切り）　　　　1片
ライムの果汁、もしくはレモン汁
　　　　　　　　　　　　　大さじ1
塩　　　　　　　　　　　　　少々
ナチョスチーズ（P.80）
　　　　　　　　　　　レシピ1個分
トルティーヤチップス
　　　　　　　　　　約250g程度
茹で小豆（無糖）　　　約140g程度
小ねぎ（小口切り）　　　　　適量

―――― 作り方 ――――

1　ボウルでピコデガヨの材料を和える。

2　ワカモレを作る。アボカドをボウルに入れてフォークで潰す。にんにくとライムの果汁を加えて混ぜ合わせ、塩で味を整える。

3　ナチョスチーズを用意する。作り置きしたナチョスチーズを使用する場合は、中火で温めなおす。質感が厚ぼった過ぎる場合は、少量の水を足してのばす。

4　器にトルティーヤチップスを盛り、ナチョスチーズを全体的にかける。茹で小豆、ピコデガヨ、ワカモレ、小ねぎを散らす。

POINT　すぐに盛り付けない場合は、ピコデガヨを冷蔵保存する。ワカモレは酸化して変色しないように、表面にラップを密着させてカバーし、冷蔵する。盛り付けの際にナチョスチーズを再度温めるとよい。前もって盛り付けると、トルティーヤチップスが水分を吸い、湿ってしまうので盛り付けは食べる直前に。

085

ディップやソースに大活躍する万能ヴィーガン・チーズソース。生きた酵素をたっぷり含んだローフードです。

recipe for

CHEESE

ナッツで作る

チーズソース

保存期間：冷蔵保存で3日間　　グルテンフリー　ローフード　ヴィーガン

材料 ［約540g］

生カシューナッツ ················ 200g
A｜パプリカ（黄かオレンジ、さいの目切り）
　　·································· 180g
　｜レモン汁 ················ 大さじ2
　｜水 ·························· 60㎖

ニュートリショナルイースト
·································· 大さじ3
白味噌 ························· 小さじ1
ターメリック ············· ひとつまみ
塩 ····························· 小さじ1弱

作り方

1　カシューナッツを2〜4時間浸水し、ザルにあげ、洗い流す。

2　ミキサーにAを入れて、滑らかになるまで撹拌する。

3　残りの全ての材料をミキサーに加えて、滑らかになるまで撹拌する。滑らかさが足りない場合は、必要最低限の水を少量ずつ加えて撹拌する。

POINT　*1*で浸水する時間がない場合は、15分茹でてザルにあげ、冷水で洗い流す（この場合はローフードではなくなる）。
赤パプリカを使うとチーズソースの色がオレンジ色に仕上がる。
ミキサーで滑らかに撹拌できない場合は、裏ごしの一手間を加えてもよい（P.19参照）。
温めたい時は、小鍋に入れてかき混ぜながら弱火で温める（この場合、ローフードではなくなる）。

アメリカで年代を問わず愛される
マカロニ＆チーズ、通称マック＆チーズ。
ココナッツベーコンがあれば人気のベーコン・マック＆チーズ風に。

arrange recipe
PASTA

マカロニチーズ

使用チーズ ▶ チーズソース **ヴィーガン**

―――――――――――――― 材料 ［4人分］ ――――――――――――――

マカロニ（乾麺）------------------- 300g
水 -------------------------------- 2ℓ
塩 -------------------------------- 20g
チーズソース（P.86）
　　　---------------------- レシピ1個分
マカロニの茹で汁 ---------- 約200㎖
塩 ----------------------------- 小さじ¼
こしょう ------------------------- 少々

A｜パン粉（乾煎りしておく）
　　　---------------------------- ½カップ
　パルメザンチーズ
　　　（P.76、あれば）------------- 適量
　ココナッツベーコン
　　　（P.153、あれば）----------- 適量
　パセリ（みじん切り）---------- 少々

―――――――――――――――― 作り方 ――――――――――――――――

1　塩20gを加えた水でマカロニをアルデンテに茹でる。

2　マカロニを茹でている間に、弱火のフライパンでチーズソースを焦げないように混ぜながら温める。

3　湯切りしたマカロニを*2*に加え、茹で汁を適量足しながらチーズソースに絡める。

4　塩こしょうで味を整え、器に盛り、Aを散らす。

POINT ┃ ココナッツベーコンの塩気が強いので、使用する場合は*4*で塩の量を少なめに調整する。チーズソースを、ノンオイルベジチーズソース（P.90）にしてもOK。

パプリカとオートミールで作るからノンオイルで低カロリー。脂質を抑えたい方にオススメ。パスタに絡めたり、ソースやディップにどうぞ。

recipe for

CHEESE

野菜で作る
ノンオイルベジチーズソース

保存期間：冷蔵保存で3日間　　グルテンフリー　　ヴィーガン

材料 ［約680g］

パプリカ (赤・さいの目切り)
-------------------------------- 180g

オートミール (ロールドオーツ)
-------------------------------- 100g

水 -------------------------------- 400㎖

白味噌 -------------------- 大さじ2と½

ニュートリショナルイースト
-------------------------------- 大さじ6

パプリカパウダー --------- 小さじ¼

粉からし ----------------- ひとつまみ

塩 -------------------------------- 小さじ¾

レモン汁 ----------------- 小さじ1と½

作り方

1　レモン汁以外の全ての材料をミキサーに入れて、滑らかになるまで攪拌する。

2　小鍋に移し、中火で温めながら混ぜる。トロミとツヤが出るまで7分程加熱する。

3　レモン汁を混ぜ入れて火を止める。

POINT ‖ ミキサーで滑らかに攪拌できない場合は、裏ごしの一手間を加えても (P.19参照)。マカロニチーズ (P.88) のレシピでチーズソースの代わりに使ってもOK。

ベリーソースのマーブル模様が入ったローフード・レアチーズケーキ。

recipe for

DESSERT

ナッツで作る

ベリースワールチーズケーキ

保存期間：冷凍保存で1週間　　グルテンフリー　ローフード　ヴィーガン

───── 材料 ［底が抜ける18cmのケーキ型1台分］ ─────

クラスト生地
生アーモンド ───── 120g
デーツ ───── 60g
無香ココナッツオイル（湯煎で溶かす）
───── 大さじ1
バニラエクストラクト
───── 小さじ½
塩 ───── 少々

フィリング
生カシューナッツ ───── 300g
無香ココナッツオイル（湯煎で溶かす）
───── 150㎖
アガベシロップ ───── 140㎖

レモンの皮のすりおろし ──── 2個分
レモン汁 ───── 120㎖
水 ───── 100㎖
バニラエクストラクト
───── 小さじ1と½
塩 ───── 小さじ¼

ベリーソース
ブルーベリー ───── 120g
無香ココナッツオイル（湯煎で溶かす）
───── 大さじ2
メープルシロップ
───── 大さじ1と½
レモン汁 ───── 小さじ1

───── 作り方 ─────

1　カシューナッツを2〜4時間浸水し、ザルにあげ、洗い流す。

2　アーモンドとデーツをフードプロセッサーで、細かくなるまで撹拌し、クラスト生地の残りの材料を入れてさらに撹拌する。

3　ケーキ型に油（分量外）を塗り、2を底に押し詰め、冷蔵庫に入れる。

4　フィリングの材料をミキサーに入れて滑らかになるまで撹拌する。約¼カップ分は取り分け、残りをケーキ型に流し入れる。

5　ベリーソースの材料をミキサーで撹拌し、ザルで濾す。

6　ベリーソースと残りのフィリングをケーキ型に数か所流し入れ、竹串で8の字を書いて模様をつける。冷凍庫に一晩入れて冷やし固める。

POINT ‖ 1で浸水する時間がない場合は、15分茹でてザルにあげ、冷水で洗い流す（この場合はローフードではなくなる）。

発酵するヴィーガンチーズ

この章ではナッツを使った
発酵するヴィーガンチーズを紹介します。
発酵の一手間は入りますが、作り方はとってもシンプル。
自家製ヴィーガンチーズで
ゴージャスなチーズプレートを作ってみませんか。

FERMENTED VEGAN CHEESE

自家製の万能調味料としても、発酵チーズの発酵スターターとしても大活躍！

recipe for

CHEESE STARTER

チーズの発酵に使う発酵食品

塩 麹

保存期間：冷蔵保存で**3**ヶ月　　グルテンフリー　ローフード　ヴィーガン

───────── 材 料 ［作りやすい分量］ ─────────

米麹 ---------------------------- 200g
塩 ------------------------------ 60g

浄水もしくはミネラルウォーター
---------------------------------- 適量

───────────── 作 り 方 ─────────────

1　米麹と塩をよく混ぜる。

2　清潔なガラス瓶に*1*を入れる。米麹が完全に水面下に隠れるまで水を注ぎ入れる。よく混ぜてから軽く蓋をする。

3　直射日光の当たらない場所に置いて常温で発酵させる。翌日、米麹が水を吸って水位が下がっていたら加水する。1日1回かき混ぜる。

4　夏場は約1週間、冬場は約2週間ででき上がる。甘い香りがし、米麹の粒が柔らかくなったら完成。密閉して冷蔵保存する。

POINT ‖ 発酵と共にガスが発生するので、少し大きめのガラス瓶を用意する。

発芽させた穀物の種を発酵させた植物性乳酸菌発酵飲料。発酵スターターとしても使える優れもの。

recipe for
CHEESE STARTER

チーズの発酵に使う発酵食品
玄米リジュベラック

保存期間：冷蔵保存で **2** 週間　　グルテンフリー　ローフード　ヴィーガン

―――――― 材料 [1ℓ 分] ――――――

浄水もしくはミネラルウォーター ……………… 1ℓ
玄米（天日干しのもの）……………… 1合

―――――― 作り方 ――――――

1　玄米を一晩浸水する。浸水に使用する水は分量外。

2　玄米を洗い流し、水切りする。ボウルの上にザルをのせ、玄米を薄く均一に広げたら、布巾をかぶせて常温で発芽させる。1日2回、ザルごと玄米に水をかけて洗い流す。約1〜2日程度で小さな芽が出て発芽する。

3　発芽玄米をよく洗い流し、清潔なガラス瓶に玄米と水を入れる。キッチンペーパーを瓶の口にかぶせて輪ゴムで固定する。

4　直射日光を避けて常温で夏場は半日〜1日、冬場は1〜2日発酵させる。小さな気泡が出てきたら発酵している証拠。

5　水が少しにごり、瓶を揺すると小さな気泡がブクブクと出てきたら完成。液体をザルで濾して玄米を取り除く。この発酵した液体がリジュベラック。密閉容器に入れて冷蔵保存する。

POINT | 味と香りはほんのりイーストのようで、飲みやすい爽やかな味。もし異臭がしたり、不味かったりする場合は廃棄して1から作り直す。できれば有機玄米の使用がベスト。使用した玄米を洗い流して炊くことも可能。使用した発芽玄米に水を足せばリジュベラックをもう1回作れる。2回目の発酵は1回目より早く進む。

発芽玄米

ヨーロッパ発祥の乳酸発酵したキャベツ。乳酸菌たっぷりのブライン（漬け汁）をチーズの発酵スターターに使用します。

recipe for

CHEESE STARTER

チーズの発酵に使う発酵食品

ザワークラウト

保存期間：冷蔵保存で1ヶ月　　グルテンフリー　ローフード　ヴィーガン

材料 ［作りやすい分量］

キャベツ、
　　もしくは紫キャベツ---------- 1kg
塩 ------------------------- 小さじ4

チーズの発酵用に作る場合は抜く
キャラウェイシード（好みで）
　　　　　　　　　　　　　　　　大さじ1
ローリエ（好みで）-------------- 1枚

作り方

1　キャベツの外側の大きめの葉を2枚程はがして、それ以外の部分を太めの千切りにする。好みで千切りの幅を調整する。

2　ボウルに1を入れ塩を振り、力を入れて塩揉みする。全体的にしんなりしたら15分程おく。

3　2を大きめで清潔なガラス瓶に空気穴ができないように少量ずつ押し込む。ボウルの底に溜まったブライン（漬け汁）も流し入れる。

4　取っておいたキャベツの葉を押し込んで、キャベツがブラインの水面から出ないように押さえ込む。ガラス瓶の口からブラインの水面までは3cm程空ける（発酵によってガスが発生し、ブラインが逆流して漏れたり、溢れたりするため）。

5　軽く蓋を閉めて、直射日光の当らない所で3日〜2週間常温発酵する。味見をして好みの酸味加減になっていたら密閉して冷蔵保存する。

POINT　紫キャベツを使えば赤紫色のブラインができる。
発酵3日目からブラインをチーズの発酵に使える。ブラインをとったあと、残ったザワークラウトは冷蔵保存する。

recipe for

CHEESE

ナッツで作る
クリームチーズ

保存期間：冷蔵保存で2週間

`グルテンフリー`　`ローフード`　`ヴィーガン`

発酵の一手間を加えているので、
クリームチーズ好きの方にも
満足していただけるはず。
ベーグルにたっぷり塗ったり、
クラッカーにのせておたのしみください。

1

2

recipe for

CHEESE

クリームチーズ

材料 ［約 4 8 0 g］

発酵

生カシューナッツ ············ 200g
玄米リジュベラック (P.100)
··························· 200mℓ

味付け

無香ココナッツオイル (湯煎で溶かす)
··························· 大さじ4
レモン汁 ····················· 小さじ2
塩 ························· 小さじ½弱

作り方

1 発酵の材料をP.22〜23の $step\ 1〜6$ の手順で発酵させる。発酵時間は1日。

2 発酵した中身をボウルに移し、味付けの材料を加えてしっかり混ぜる。

3 保存容器に入れて冷蔵庫で一晩冷やし固める。室温で長時間おくと柔らかくなるため、食べる直前に冷蔵庫から取り出す。

arrange recipe
BREAD

キャロットロックスと クリームチーズのベーグルサンド

使用チーズ　クリームチーズ　　ヴィーガン

ロックス（スモークサーモン）を人参のロックス風マリネで再現。ニューヨークスタイルのベーグル&ロックス！

材料 ［4人分］

ベーグル	2〜4個
クリームチーズ(P.104)	適量
赤玉ねぎ（薄くスライスする）	12〜24枚程度
ケッパー	適宜
ディル	適宜

キャロットロックス
人参	2〜3本(約200g)
オリーブオイル	小さじ2
塩	ひとつまみ

マリネ液
醤油	小さじ2
スモークリキッド（あれば）	小さじ½
水	60mℓ
塩	ひとつまみ
こしょう	少々

作り方

1. 人参を皮ごと天板にのせ、オリーブオイルを塗り、塩をひとつまみかける。竹串がスッと通る柔らかさになるまで200℃のオーブンで30〜40分程焼き、冷ます。

2. 皮むき器で人参をスモークサーモン風に薄くスライスする。

3. マリネ液を混ぜ合わせ、2を入れて冷蔵庫で1時間寝かせたらキャロットロックスの完成。

4. ベーグルを半分に切ってトーストし、クリームチーズを塗る。キャロットロックスをマリネ液から取り出して、少し高さが出るように適量のせる。赤玉ねぎ、ケッパー、ディルを飾る。

POINT　スモークリキッドは面倒な燻製をせずに、手軽にスモーク風味をたのしめる便利な調味料。スモークリキッドによってスモーク味の強さが異なるので、好みで調整する。オススメはスモークキッチンとWright'sのもの。

リッチで濃厚なのに、乳酸菌とカカオパウダーの抗酸化物質のお陰で、美容にも◎な体にいいトリュフ。

arrange recipe
DESSERT

クリームチーズ・
生チョコレートトリュフ

使用チーズ クリームチーズ　グルテンフリー　ローフード　ヴィーガン

──────── 材 料 ［約 30 個分］ ────────

クリームチーズ (P.104)
-------------------- レシピ1個分
カカオパウダー -------------------- 40g
ココナッツシュガー ------------ 120g
粉寒天 ------------------------- 大さじ2

無香ココナッツオイル (湯煎で溶かす)
-------------------------------- 90ml
バニラエクストラクト
-------------------- 小さじ1と½

──────────── 作 り 方 ────────────

1　全ての材料をフードプロセッサーに入れて、滑らかになるまで撹拌する。保存容器に入れて、冷蔵庫で4時間冷やし固める。

2　固まったら小さじ1のスプーンなどを使ってすくい出し、手で好みの大きさに丸め、クッキングシートを敷いたバットの上に並べる。再度固くなるまで冷蔵庫で30分〜1時間冷やす。

3　冷蔵庫から取り出し、カカオパウダー (分量外) の中に転がす。

4　密閉容器に入れて冷蔵保存する。室温で長時間おくと柔らかくなるため、食べる直前に冷蔵庫から取り出す。

POINT ‖ カカオパウダーをココアパウダー、ココナッツシュガーをきび砂糖で代用可能。ただし、この場合はローフードではなくなる。

recipe for
CHEESE

ナッツで作る
ハーブシェーブル

保存期間：冷蔵保存で **1週間**

グルテンフリー　ローフード　ヴィーガン

ハーブでコーティングされた
シェーブル風チーズ。
見た目も綺麗でホームパーティーや
チーズプレートでも際立ち、
存在感抜群の一品！

113

recipe for

CHEESE

ハーブシェーブル

材料 ［約２００ｇ］

発酵
生アーモンド────────100g
浄水もしくはミネラルウォーター
────────120㎖
塩麹 (P.98) ────── 大さじ１

味付け
ニュートリショナルイースト
────────── 小さじ½
レモン汁 ─────── 小さじ½
塩 ────────── 適量
タイム（フレッシュ、みじん切り）
────────── 大さじ１と½
ローズマリー（フレッシュ、みじん切り）
──────────── 大さじ１と½

作り方

1 発酵の材料をP.22〜23の *step 1〜6* の手順で発酵させる。発酵時間は
半日から１日。発酵したら中身をボウルに移し、味付けの材料を加えて
よく混ぜる。

2 クッキングシートの上にチーズをのせ、クッキングシートを使ってチー
ズを好みの大きさの筒状に丸める。

3 タイムとローズマリーを混ぜておく。クッキングシートにハーブを散ら
し、チーズの外側がハーブでまんべんなくコーティングされるように、
チーズを転がす。

4 クッキングシートでチーズを包んで密閉容器に入れる。

5 この段階でも食べられるが、冷蔵庫に入れて２〜３日熟成させるとチー
ズもより固く切りやすくなり、味も深まる。

POINT 丸太型以外にも、ボール状のミニハーブシェーブルを何個も作
ってもかわいい。
ハーブの量は、チーズの大きさによって変えてOK。

鮮やかなビーツと
白いハーブシェーブルのコントラストが映える
アメリカでも人気のサラダ。

arrange recipe
SALAD

ビーツとハーブシェーブル
のサラダ

使用チーズ ハーブシェーブル　　グルテンフリー　　ヴィーガン

―――――――― 材 料 ［ 4 人 分 ］ ――――――――

ベビーリーフミックス ‥‥‥‥ 140g
ハーブシェーブル（P.112、スライス）
　‥‥‥‥‥‥‥‥‥‥‥‥‥‥‥ 適量
ビーツ ‥‥‥‥‥ 1個（約100g）
お酢‥‥‥‥‥‥‥‥‥‥‥‥‥少々
メープルナッツ
　ピーカンナッツ、もしくはクルミ
　‥‥‥‥‥‥‥‥‥‥‥‥‥ 80g
　メープルシロップ ‥‥‥‥‥ 50ml

シナモン ‥‥‥‥‥‥‥‥ 小さじ¼
塩 ‥‥‥‥‥‥‥‥‥‥‥‥‥ 少々
ドレッシング
　バルサミコ酢 ‥‥‥‥‥‥ 30ml
　オリーブオイル ‥‥‥‥‥ 30ml
　メープルシロップ ‥‥‥‥ 小さじ1
　マスタード ‥‥‥‥‥‥ 小さじ½
　塩 ‥‥‥‥‥‥‥‥‥‥ 小さじ¼

―――――――――― 作 り 方 ――――――――――

1　ビーツはヘタと皮がついたままたっぷりの水とお酢の入った鍋で竹串が
　　通るようになるまで、30分程茹でる。

2　フライパンにメープルナッツの材料を入れ、メープルシロップが水あめの
　　ように糸を引くまで焦げないように混ぜながら弱火で8分程火にかける。
　　クッキングシートの上に重ならないように広げて冷ます。

3　ビーツが茹で上がったら、流水で洗って冷まし、水切りする。皮をむき、
　　くし形切りにする。

4　ドレッシングの材料を混ぜ合わせる。

5　サラダボウルにベビーリーフミックスとビーツを入れてドレッシングと
　　和える。ハーブシェーブルとメープルナッツを適量飾る。

POINT　ビーツをそのまま、まな板などに置くと赤く着色するのでクッ
キングシートを敷く。色がついた調理器具はすぐに洗う。指へ
の着色を避けたい場合は手袋をするとよい。

recipe for

CHEESE

ナッツで作る
モッツァレラ

保存期間：冷蔵保存で **1週間**

グルテンフリー　ヴィーガン

カプレーゼサラダ (P.122) や
サンドイッチにぴったりな、
もっちり大ぶりなモッツァレラ。

recipe for

CHEESE

モッツァレラ

材料 ［約420g］

発酵
生アーモンド	80g
生カシューナッツ	80g
玄米リジュベラック (P.100)	200㎖

味付け
無香ココナッツオイル (湯煎で溶かす)	大さじ1
塩	小さじ¼

寒天ジェル
水	200㎖
粉寒天	大さじ1

作り方

1　発酵の材料をP.22〜23の step 1〜6 の手順で発酵させる。発酵時間は半日。

2　発酵した中身をボウルに移し、味付けの材料を加えてよく混ぜる。型に使うお椀を水で濡らしておく。

3　小鍋に寒天ジェルの材料を入れて弱火でかき混ぜながら熱し、2分間沸騰させる。

4　寒天ジェルを2に加え、まんべんなく混ざるまで素早く混ぜ合わせる。ゆっくりしていると寒天が固まってくる。

5　お椀に4を入れて、表面を手早く整えたら30分〜1時間程冷蔵庫で冷やし固める。

6　モッツァレラが固まったらお椀に沿ってナイフを入れ、お椀から離して取り出す。保存容器に入れるか、ラップに包んで冷蔵保存する。

POINT ‖ カプレーゼサラダ (P.122) のようにモッツァレラのスライスを綺麗な円形にしたい場合は、お椀ではなく濡らしたバットに入れ、7〜8㎜の厚さにのばす。冷蔵庫で冷やし固めてから、セルクル型を使って型抜きする。

お洒落なイタリアンサラダ、カプレーゼは
トマト、モッツァレラ、バジルだけのシンプルなサラダ。
パーティーの前菜やおつまみとしてもオススメ。

arrange recipe

SALAD

カプレーゼサラダ

使用チーズ モッツァレラ、モッツァレラ風塩豆腐

グルテンフリー　　ヴィーガン

材料 ［4人分］

トマト ------------------------- 3個

モッツァレラ (P.118、
　もしくはモッツァレラ風塩豆腐P.26)
　------------------- レシピ1個分

バジルの葉 -------------------- 適量

オリーブオイル ----------------- 適量

塩、粗挽き黒こしょう---------- 少々

作り方

1　トマトとモッツァレラを7〜8mmの厚さにスライスする。

2　皿にトマト、モッツァレラ、バジルの葉を交互に並べる。

3　食べる直前に塩、粗挽き黒こしょうを振り、オリーブオイルをたっぷり
　　回しかける。

POINT ‖ 円形に型抜きしたモッツァレラ (P.121のPOINT参照) を使う
　　　　‖ 場合は、スライスせずそのまま使う。

日本人になじみ深い風味。コロンと食べやすくて、おやつにもぴったり。

recipe for

CHEESE

ナッツで作る

プロセスチーズ

保存期間：冷蔵保存で1週間　　グルテンフリー　　ヴィーガン

―――――― 材料 ［約200g］ ――――――

発酵
生アーモンド	50g
生カシューナッツ	50g
玄米リジュベラック (P.100)	120ml

味付け
無香ココナッツオイル (湯煎で溶かす)	大さじ1
ニュートリショナルイースト	小さじ½
レモン汁	小さじ1と½
塩	小さじ½

寒天ジェル
| 水 | 100ml |
| 粉寒天 | 小さじ2 |

―――――― 作り方 ――――――

1　発酵の材料をP.22〜23の *step 1〜6* の手順で発酵させる。発酵時間は1日。

2　発酵した中身をボウルに移し、味付けの材料を加えてよく混ぜる。

3　小鍋に寒天ジェルの材料を入れて弱火でかき混ぜながら熱し、2分間沸騰させる。

4　3に2を加え、滑らかになるまで泡立て器で混ぜながら1、2分温める。事前に水で濡らしておいた型に入れ、冷蔵庫で30分〜1時間程冷やし固める。

5　チーズが固まったら型から取り出し、ひっくり返して切り分け、冷蔵保存する。

POINT　底の抜ける小ぶりなケーキ型を使用すると便利。
5で固まったチーズを取り出す時に、でこぼこした上部の表面をそぎ落とすと、ひっくり返してから平らに置ける。

パーティーのチーズプレートに欠かせないチェダーチーズ。クラッカーと供におやつにぜひ。

recipe for

CHEESE

ナッツで作る

チェダーチーズ

保存期間：冷蔵保存で1週間　　グルテンフリー　ローフード　ヴィーガン

材料 ［約240g］

発酵

生アーモンド ----------------- 50g
生カシューナッツ ------------- 50g
浄水もしくはミネラルウォーター
-------------------------------- 100㎖
ザワークラウト（P.102）のブライン
------------------------------- 大さじ2

味付け

無香ココナッツオイル（湯煎で溶かす）
-------------------------------- 大さじ3
ニュートリショナルイースト
-------------------------------- 大さじ1
白味噌 ---------------------- 大さじ1
粉寒天 ---------------------- 小さじ2
練りごま -------------------- 小さじ¼
ターメリック ---------------- 小さじ¼
パプリカパウダー --------- 小さじ¼
粉からし ------------------ ひとつまみ

作り方

1　発酵の材料をP.22〜23の *step 1〜6* の手順で発酵させる。発酵時間は1日。

2　発酵した中身をボウルに移し、冷蔵庫で2時間冷やしてから、味付けの材料を加えてよく混ぜる。

3　好みの型に入れてラップをし、冷蔵庫で一晩冷やし固める。

4　チーズが固まったら型から取り出し、冷蔵保存する。室温で長時間おくと柔らかくなるため、食べる直前に冷蔵庫から取り出す。

POINT ‖ セルクル型の使用がオススメ（型の下にクッキングシートを敷く）。ラップを敷いた保存容器を型にしてもOK。
スモークチーズにしたい場合は、味付けにスモークリキッド（P.108）を小さじ¼加える。

青のりでコーティングした和風チーズ。磯の香りとごま油の風味がたまらない一品。

recipe for

CHEESE

ナッツで作る

青のりチーズ

保存期間：冷蔵保存で1週間　　グルテンフリー　ローフード　ヴィーガン

───── 材料 ［約200g］ ─────

発酵

| 生アーモンド | 50g |
| 生カシューナッツ | 50g |

昆布だし（浄水もしくはミネラルウォーター120mℓに昆布2gを入れて一晩水出しする。 水で代用可能）
　　　　　　　　　　　　 120mℓ

塩麹（P.98）　　　　　　　 大さじ1

味付け

無香ココナッツオイル（湯煎で溶かす）
　　　　　　　　　　　 大さじ2と1/2

ごま油　　　　　　　　　　 大さじ1

青のり　　　　　　　　　　 小さじ2

ニュートリショナルイースト
　　　　　　　　　　　　　 小さじ1

レモン汁　　　　　　　　　 小さじ¼

塩　　　　　　　　　　　　　 適量

青のり　　　　　　 約¼カップ程度

───── 作り方 ─────

1 発酵の材料をP.22〜23の*step 1〜6*の手順で発酵させる。発酵時間は半日から1日。

2 発酵した中身をボウルに移し、味付けの材料を加えてよく混ぜる。

3 好みの型に入れてラップをし、冷蔵庫で一晩冷やし固める。

4 チーズが固まったら型から取り出し、青のりをチーズの外側に押し付けてコーティングする。保存容器に入れて冷蔵保存する。室温で長時間おくと柔らかくなるため、食べる直前に冷蔵庫から取り出す。

POINT ‖ ラップを敷いた保存容器を型にしてもOK。

オレンジの爽やかさとピンクペッパーが、見た目の可愛さにスパイシーさをプラス。パンチの効いた一品です。

recipe for

CHEESE

ナッツで作る

オレンジ・ピンクペッパーチーズ

保存期間：冷蔵保存で**1**週間　　グルテンフリー　ローフード　ヴィーガン

材料 ［約200g］

発酵
生アーモンド ------------------- 50g
生カシューナッツ ------------- 50g
浄水もしくはミネラルウォーター
------------------------------- 100ml
ザワークラウト (紫キャベツ、P.102)
　のブライン ------------- 大さじ2

味付け
無香ココナッツオイル(湯煎で溶かす)
------------------------------- 大さじ3
オレンジの皮のすりおろし
------------------------ 小さじ1と½
オレンジの果汁 ----------- 大さじ3

ピンクペッパー --------- 大さじ½
ニュートリショナルイースト
------------------------------- 小さじ1
粉寒天 ------------------- 大さじ1
メープルシロップ -------- 小さじ1
バニラエクストラクト
------------------------------- 小さじ½
塩 -------------------------- 小さじ½
白こしょう ------------------- 少々

仕上げ
ピンクペッパー
------------------ 大さじ1と½程度
(型の大きさによって調整)

作り方

1　発酵の材料をP.22～23の*step 1～6*の手順で発酵させる。発酵時間は半日から1日。

2　発酵した中身をフードプロセッサーに移し、味付けの材料を加えて均一に混ざるまで撹拌する。

3　好みの型に入れて、ピンクペッパーを上の表面にのせて軽く押し付けたら冷蔵庫で一晩冷やし固める。

4　チーズが固まったら型から取り出し、保存容器に入れて冷蔵保存する。室温で長時間おくと柔らかくなるため、食べる直前に冷蔵庫から取り出す。

POINT ‖ ラップを敷いた保存容器を型にしてもOK。

ドライフルーツの甘さと
チーズの酸味が相性抜群！
まるでチーズケーキのようなデザートチーズ。

recipe for

CHEESE

ナッツで作る

ドライフルーツのチーズ

保存期間：冷蔵保存で**1**週間　　グルテンフリー　ローフード　ヴィーガン

材料 ［約２２０ｇ］

発酵

生アーモンド ------------------ 50g
生カシューナッツ ------------- 50g
浄水、もしくはミネラルウォーター
------------------------------ 120mℓ
塩麹（P.98、ザワークラウトP.102の
　ブライン大さじ2で代用可）
------------------------------ 大さじ1

味付け

無香ココナッツオイル（湯煎で溶かす）
------------------------------ 大さじ3
好みのドライフルーツミックス
（サイズの大きいものは荒く刻む）
------------------------------ 50g
クルミ（粗みじん切り）-------- 20g
レモンの皮のすりおろし ---- 1個分
レモン汁 ------------------- 小さじ1
塩 ------------------------------ 適量

作り方

1　発酵の材料をP.22〜23の*step 1〜6*の手順で発酵させる。発酵時間は
　　半日から1日。

2　発酵した中身をボウルに移し、ココナッツオイル、レモンの皮のすりお
　　ろし、レモン汁、塩を入れてしっかり混ぜたら、ドライフルーツとクル
　　ミを加えてさらに混ぜる。

3　好みの型に入れて、チーズの表面に密着するようにラップをし、冷蔵庫
　　で一晩冷やし固める。

4　チーズが固まったら型から取り出し、保存容器に入れて冷蔵保存する。
　　室温で長時間おくと柔らかくなるため、食べる直前に冷蔵庫から取り出
　　す。

POINT ‖ ラップを敷いた保存容器を型にしてもOK。

ヴィーガン調味料

ヴィーガン調味料とは、
動物性食品を使わない植物性食材のみで作った調味料。
日常で頻繁に使うミルクやバターや
マヨネーズ、ヨーグルトなどの乳製品や
卵製品に代替えできます。

DAIRY ALTERNATIVES

アーモンドミルク

ナッツで作る

グルテンフリー　ローフード　ヴィーガン

乳製品の代替品

保存期間：冷蔵保存で3日間

ナッツミルクは、牛乳の代わりに使える植物性ミルク。
基本の比率は、ナッツや種に対して水の分量が1:3。
これさえ覚えておけば、好みのナッツや種でアレンジできます。

材料 [約3カップ分]

生アーモンド ……… 1カップ　　水 ……… 3カップ

作り方

1　アーモンドを一晩浸水し、ザルにあげ、洗い流す。

2　ミキサーに全ての材料を入れて、滑らかになるまで撹拌する。

3　ボウルの上にザルをのせる。ザルの上にナッツミルクバッグ（もしくはガーゼか布巾）をのせ、2を注ぎ入れ、しぼってミルクを濾す。

POINT　1で浸水する時間がない場合は、15分茹でてザルにあげ、冷水で洗い流す（ただしこの場合、ローフードではなくなる）。
ナッツミルクバッグはナッツミルク作り用のメッシュのナイロン製濾し袋。
好みで甘味料、バニラエクストラクトを足してもよい。
アーモンドミルクのしぼりカスは、ベジピザ(P.56)で再利用できる。しぼりカスを保存する場合は、冷蔵保存なら3日間、冷凍保存なら1ヶ月間。

dairy ALTERNATIVE

ナッツで作る
カシュー生クリーム

`グルテンフリー` `ローフード` `ヴィーガン`

`乳製品の代替品`

保存期間：冷蔵保存で **3** 日間

カシューナッツを水と攪拌するだけで
簡単にクリーミーな生クリームの代替品に！
お料理に使ったりコーヒーに入れても。

材料 ［約 2 カップ分］

生カシューナッツ ---------- 1カップ　　水 ------------------------- 2カップ

作り方

1　カシューナッツを2〜4時間浸水し、ザルにあげ、洗い流す。

2　ミキサーに全ての材料を入れて、滑らかになるまで攪拌する。

3　ボウルの上にザルをのせる。ザルの上にナッツミルクバッグ(もしくはガーゼか布巾)をのせ、2を注ぎ入れ、しぼってカシュー生クリームを濾す。

POINT ║ 1で浸水する時間がない場合は、15分茹でてザルにあげ、冷水で洗い流す(ただしこの場合、ローフードではなくなる)。
カシューナッツと水の比率は1：2。
カシュー生クリームを泡立ててホイップすることはできません。ホイップクリームはココナッツホイップクリーム(P.150)を参照。

植物オイルで作る
バター

グルテンフリー　ヴィーガン

乳製品の代替品

保存期間：冷蔵保存で2週間

ミキサーで撹拌するだけの自家製植物性バター。バターの代替品としてパンに塗ったり、お料理にお使いください。パンに塗りやすい、少し柔らかめの質感に仕上がっています。

材料［作りやすい分量］

A
- 無調整豆乳 ―――― 100mℓ
- リンゴ酢 ―――― 小さじ1

B
- ひよこ豆の煮汁（あれば） ―――― 小さじ2
- ニュートリショナルイースト ―――― 小さじ1
- ターメリック ―――― ひとつまみ
- 塩 ―――― 小さじ1/4

- 無香ココナッツオイル（湯煎で溶かす） ―――― 100mℓ
- オリーブオイル ―――― 100mℓ

作り方

1　Aを混ぜ合わせる。豆乳が分離するまで5分程おく。

2　ミキサーに1とBを入れて撹拌する。

3　ミキサーを回しながら、ミキサーの蓋の穴から少量ずつココナッツオイルを注ぎ入れ、全体的に乳化させる。

4　3と同様にオリーブオイルを注ぎ入れ、乳化させる。

5　保存容器に入れて冷蔵保存する。作りたてはクリーム状だが、冷蔵庫で数時間冷やすと固まる。

POINT｜ひよこ豆の煮汁（アクアファバ）は、卵代替品として、人気のヴィーガン食材。入れないと固めのバターに仕上がり、冷蔵保存中に分離することがあるが、問題なく使える。

143

dairy ALTERNATIVE

豆乳で作る
マヨネーズ

グルテンフリー ヴィーガン

卵製品の代替品

保存期間：冷蔵保存で2週間

ミキサーで攪拌するだけの
簡単、時短な自家製豆乳マヨネーズ。
ものの5分で添加物ゼロの植物性マヨネーズが完成！

材料［作りやすい分量］

A｜無調整豆乳 ────── 100㎖
　　米酢 ────────── 大さじ2
　　アガベシロップ ───── 大さじ1
　　和からし、もしくはマスタード
　　─────────── 小さじ½

A｜ヒマラヤブラックソルト、
　　もしくは塩 ────── 小さじ½
　　グレープシードオイル ── 200㎖

作り方

1　Aをミキサーに入れて、均一に混ざるまで攪拌する。

2　ミキサーを回しながら、ミキサーの蓋の穴からグレープシードオイルをゆっくりと少量ずつ注ぎ入れ、乳化させる。もったりとしたマヨネーズの質感になったら止める。

3　保存容器に入れて冷蔵保存する。

POINT｜ヒマラヤブラックソルトはカラナマックとも呼ばれる、硫黄を含む黒岩塩。茹で卵のような味と香りがするため、ヴィーガン料理では卵料理のレシピに頻繁に使用する。
アガベシロップをきび砂糖で代用可能。

145

ナッツで作る
サワークリーム
オニオンディップ

グルテンフリー　ヴィーガン

ディップ

保存期間：冷蔵保存で3日間

フライドポテトやポテトチップスと
相性抜群のサワークリームオニオンディップ。
おうちでもパーティーディップとして大活躍！

材料 [4 人分]

玉ねぎ (みじん切り) ……… 240g	A　メープルシロップ …… 小さじ½
オリーブオイル ……… 大さじ½	ガーリックパウダー
A　生カシューナッツ ……… 160g	…… 小さじ½
水 ……… 100㎖	塩 ……… 小さじ¾
レモン汁	白こしょう ……… 少々
…… 大さじ1+小さじ2	あさつき (小口切り) ……… 少々
リンゴ酢 ……… 小さじ¾	

作り方

1　カシューナッツを2〜4時間浸水し、ザルにあげ、洗い流す。

2　弱火で熱したフライパンにオリーブオイルを入れ、玉ねぎを飴色になるまで炒める。焦げそうになったら途中で水 (分量外) を数回に分けて少量入れる。玉ねぎが飴色になったら粗熱を取る。

3　Aをミキサーに入れて、滑らかになるまで攪拌する。

4　3をボウルに移し、2を加えてよく混ぜ合わせる。密閉容器に入れて冷蔵庫で1時間冷やす。

5　器に盛り、あさつきを飾る。

POINT ∥ 1で浸水する時間がない場合は、15分茹でてザルに上げ、冷水でよく洗い流す。

147

dairy ALTERNATIVE

豆乳で作る
豆乳ヨーグルト

グルテンフリー　ヴィーガン

乳製品の代替品

保存期間：冷蔵保存で1週間

豆乳ヨーグルトをご自宅で。
玄米リジュベラックがあれば、豆乳と混ぜて
発酵させるだけ！

材料［約1ℓ分］

無調整豆乳（常温に戻しておく）
………………………… 1ℓ

玄米リジュベラック（P.100）
………………………… 大さじ2

作り方

1　全ての材料を清潔な瓶に入れて混ぜる。

2　キッチンペーパーを瓶の口にかぶせ、輪ゴムで留める。直射日光の当たらない場所に置いて、常温で半日〜1日発酵させる（夏場は半日、冬場は1日〜2日）。

3　瓶を揺った時に豆乳がヨーグルトのように固まっていたら完成。正しく発酵していれば味にヨーグルトのような爽やかな酸味がある。異臭がしたり、表面がピンク色になっていたり、味が不味かったりする場合は廃棄して1から作り直す。

4　キッチンペーパーを取り除き、蓋をして密閉し、冷蔵保存する。

POINT　過発酵すると写真のように分離してしまう。過発酵しても大丈夫だが、酸味が強い。水っぽい場合は、分離した液体、ホエイ（乳清）をガーゼかコーヒーフィルターを使って、濾して除いてから冷蔵保存する。

dairy ALTERNATIVE

ココナッツミルクで作る
ココナッツホイップクリーム

グルテンフリー　ヴィーガン

乳製品の代替品

保存期間：冷蔵保存で1週間

一晩冷蔵庫で冷やしたココナッツミルクか
ココナッツクリームを泡立てるだけで
濃厚でクリーミーなホイップクリームに早変わり！

材料 ［約200〜250g分］

ココナッツミルク（全脂肪）
　　　　　　　　　　1缶（400ml）
粉寒天（必要であれば）……小さじ ½

A　きび砂糖 ………… 大さじ 2〜3
　　バニラエクストラクト
　　　　　　　　　　小さじ ½

作り方

1　ココナッツミルクを缶ごと冷蔵庫で一晩冷やして脂肪分を分離させる。開封前の分離確認方法：冷えた缶をそっと左右に振る。ピチャピチャと液体が揺れる音が聞こえたら、まだ分離していない証拠。音がしなくなるまで冷やす。ボウルを冷蔵庫に入れて15分程冷やしておく。

2　缶を揺らさないように冷蔵庫から取り出し、缶の上下をひっくり返してから開けて、分離した水を注ぎ出す。固まった白い脂肪分をスプーンですくい出し、冷えたボウルに入れてハンドミキサーで泡立てる。

3　6分立ち程度になったら、Aを加え、角が立つまでさらに泡立てる。質感が緩めに仕上がったら粉寒天を混ぜ入れる。

4　使用するまで密閉容器に入れて冷蔵保存する。冷えると少し硬くなるので、柔らかくなるまで泡立ててから使う。

POINT｜ココナッツミルクは缶や種類によって上手く泡立たないものがあるので、一缶余分に冷蔵庫に冷やしておくとよい。オススメはチブギスとタイキッチンのもの。ココナッツミルクよりも濃厚なココナッツクリーム（全脂肪）も使用できる。

vegan TOPPING

豆腐スクランブルエッグ

木綿豆腐をスクランブルエッグ風に。硫黄を含むブラックソルトを使うと驚くほど卵風味に！豆腐スクランブルエッグとマヨネーズ（P144）を使ってベジ卵サンドを作っても◎。

グルテンフリー

ヴィーガン

材料 ［4人分］

木綿豆腐（水切りする） -------------------- 400g
オリーブオイル --------------------- 大さじ1
A｜ニュートリショナルイースト
　　------------------------------- 大さじ1
　｜ターメリック -------------- ひとつまみ
　｜粉からし ------------------- ひとつまみ
　｜ヒマラヤブラックソルト、
　　もしくは塩 -------------- 小さじ½弱
　｜こしょう ------------------------------ 少々
トッピング
　好みのハーブ ------------------------- 少々

作り方

1 スクランブルエッグ風の質感になるように豆腐を手でちぎる。
2 中火のフライパンにオリーブオイルを熱し、豆腐を加えて炒め、水気を飛ばす。
3 Aを入れて味を調え、数分炒める。
4 好みで刻んだハーブを散らす。

POINT

豆腐を炒める前に玉ねぎ、トマト、パプリカ、ほうれん草などの好みの野菜を炒めて、野菜入り豆腐スクランブルエッグにしても。仕上げにアボカドのスライスをのせると一気にLAスタイルに。

vegan TOPPING

ココナッツベーコン

動物性食品不使用のカリカリベジベーコン。マカロニチーズ（P.88）やカルボナーラ（P.78）、カリフラワーチーズポタージュ（P.64）などのレシピのトッピングにも大活躍。

保存期間：
常温で1ヶ月

ヴィーガン

材料 ［100ｇ分］

ココナッツチップス
（無塩、無糖、ローストされていないもの）
.... 100g

合わせ調味料

醤油（グルテンフリーにしたい場合は
　グルテンフリー醤油） 大さじ3
メープルシロップ 小さじ1
スモークリキッド .... 小さじ½
こしょう .... 少々

POINT

オーブンによって温度や焼き時間を調節する。スモークリキッドは面倒な燻製をせずに、手軽にスモーク風味をたのしめる便利な調味料。種類によってスモーク味の強さが異なるため、好みで分量を調節する。オススメはスモークキッチンとWright'sのもの（P.108参照）。

作り方

1. オーブンを120℃に予熱する。ボウルにココナッツチップスを入れ、合わせ調味料を回しかけたら、軽く数回混ぜる。
2. 数分おき、ココナッツチップスが合わせ調味料を吸ってから、再度混ぜる。
3. 天板にクッキングシートを敷き、2を薄く広げる。
4. オーブンで約40～50分焼く。焦げないように5分毎にかき混ぜる。焦げやすいので、頻繁に焼き色を確認する。
5. こんがり焼き色がついたらオーブンから取り出す。柔らかくても、粗熱が取れると硬くなる。粗熱が取れても柔らかい場合は、さらに5～10分焼く。
6. 完全に冷ましてから保存容器に移し、常温保存する。

ACKNOWLEDGMENTS

ハリウッドでメイクアップアーティストとして働きたい一心で単身渡米し、ロサンゼルスのメイク学校に入学。そこで初めてヴィーガンの方に出会いました。当時はベジタリアンは多くてもヴィーガンはかなり珍しく、彼女との会話の中で、「凄いね！ヴィーガンに興味はあるけど、私には絶対無理。チーズを抜くなんて考えられないもの！」と、断言した事を今でも覚えています。英語で"Never say never."「絶対にないとは言い切るな」という意味の表現がありますが、正にその通りに。のちにヴィーガン、プラントベース、ローフードの世界に入り、今度は私自身がそういったご意見を聞く側の立場に。

当時の自分があるからこそ、ヴィーガンチーズを初めて召し上がる方に、「え？ チーズだ！これ本当に乳製品を使ってないの？」と、驚いていただけるようなヴィーガンチーズを日々探究しています。本書をきっかけに、読者の皆様にホームメイド・ヴィーガンチーズを少しでもたのしんでいただけたら、この上ない喜びです。

大和書房の長谷川恵子さん、フォトグラファーの鈴木香織さん、ディレクション・編集のマイクロフィッシュの酒井ゆうさん、デザイナーの若井夏澄さん、スタイリストのアストリッド・アンダーソンさんなど、皆様のお陰で実現した初の著書。感謝の気持ちを言葉では言い尽くせません。心より深く御礼申し上げます。

最後に、ブログ開設当初から支えてくれた黒岩依美里さんと久常早弓里さん、両親、どんな時でも常に傍でサポートしてくれる夫マイケルと愛犬オリオンに愛と感謝を込めて。

2019年7月　mariko

乳製品を使わないヴィーガンチーズ
VEGAN CHEESE

2019年10月5日　第1刷発行
2020年12月1日　第2刷発行

著者
mariko

発行者
佐藤 靖

発行所
大和書房
東京都文京区関口1-33-4
電話：03-3203-4511

デザイン
若井夏澄 (tri)

写真
Kaori Suzuki

スタイリング
Astrid Anderson

企画・編集
酒井ゆう (micro fish)

印刷
廣済堂

製本
ナショナル製本

©2019　Mariko Sakata, Printed in Japan
ISBN978-4-479-92134-9
乱丁本・落丁本はお取替えいたします。
http://www.daiwashobo.co.jp/

mariko（マリコ）

アメリカ・ロサンゼルス在住。
ローフード・プラントベースシェフ、講師。
日本女子大学文学部英文学科を卒業後、2005年に渡米。ハリウッドでメイクアップアーティストとして、広告、CM、雑誌、映像等の仕事に携わる。
長年プラントベースの食事法を実践してきたが、L.A.でローフードに出会い、ダイナミックな味だけでなく美肌、健康効果に魅了され、ローフードの虜に。2014年に自身のローフード、グルテンフリー、ヴィーガンレシピを提供するブログ「mariko sakata」を立ち上げ、アンジェリーノ達から絶大の支持を受ける。またハリウッド映画『アバター』の続編4作の撮影現場で話題になった"業界初となるオールヴィーガンケイタリング"が導入されたが、そのクルーの一員として携わる。
アメリカのヴィーガン、ローフード界の重鎮、マシュー・ケニー氏が設立したローフードシェフスクール「マシューケニーカラナリー」で1年半講師を務める。常に満員のヴィーガンチーズクラスはプライベートクラスでも指名が殺到するほどの人気に。メディア取材用クラスも任され、雑誌『VOGUE』や大手テレビ局などのメディア取材を受け持つ。
現在はローフード・プラントベースシェフ、講師、ケイタリング、フードスタイリスト、メイクアップアーティストとして幅広く活動している。

mariko sakata	Instagram	Vegan Cheese Factory